Jan Bazuin

TAGEBUCH EINES ZWANGSARBEITERS

Rotterdam im Herbst 1944: Der neunzehnjährige Jan Bazuin erlebt Kriegsalltag und Hungerwinter. Täglich muss Brennmaterial und Essbares beschafft werden. Sein Vater droht, ihn von den Deutschen abholen zu lassen, wenn er nicht auszieht. Einziger Lichtblick ist die Freundin Annie. Doch Anfang Januar 1945 ändert sich alles. Jan wird zur Zwangsarbeit nach Bayern verschleppt ...

Das Tagebuch des jungen Niederländers Jan Bazuin überrascht durch seinen ungekünstelten, jugendlichen und selbst in größter Not optimistisch klingenden Ton. Die Aufzeichnungen enden am 22. April 1945, kurz nach Jans riskanter Flucht aus dem „Ausländerlager" in München-Neuaubing. Der Text ist eine wichtige Quelle für die Forschung. Vor allem aber führt er ganz unmittelbar vor Augen, wie ein Jugendlicher Deportation, Lagerleben und Zwangsarbeit in den letzten Monaten des Zweiten Weltkriegs erlebte. Dazu tragen auch die stimmigen Illustrationen von Barbara Yelin bei. An historischem Forschungsstand und Bildmaterial orientiert und zugleich künstlerisch eigenständig, vertiefen sie, was der Text nur andeutet, und führen die Leserinnen und Leser ganz nah an das Geschehen heran.

Jan Bazuin

TAGEBUCH EINES ZWANGSARBEITERS

Mit Illustrationen von Barbara Yelin

Aus dem Niederländischen
von Marianne Holberg

Herausgegeben
und mit einem Nachwort
von Paul-Moritz Rabe

C.H.Beck

Dieses Buch ist zugleich eine Veröffentlichung

des NS-Dokumentationszentrums München.

NS-Dokumentationszentrum
München

INHALT

DAS TAGEBUCH DES JAN BAZUIN

Am 10. November 1944 riegelten 8000 deutsche Wehrmachtssoldaten in Rotterdam Straßen, Brücken und öffentliche Plätze ab.* An Häuser und Wohnungstüren wurden Befehle geklebt, die alle Männer zwischen siebzehn und vierzig Jahren aufforderten, sich unverzüglich auf die Straße zu begeben, um zum sogenannten Arbeitseinsatz abgeholt zu werden. Telefonleitungen wurden stillgelegt. Die Soldaten durchsuchten ein Haus nach dem anderen nach Männern, die dem Befehl nicht nachkamen. Bei Fluchtversuchen wurde geschossen. Die Wehrmacht bezeichnete die Maßnahme als „Aktion Rosenstock". In nur zwei Tagen wurden 52 000 Rotterdamer Bürger erfasst, verschleppt und deportiert, um für das Deutsche Reich Zwangsarbeit zu leisten. Es handelte sich um die größte Razzia in den seit Mai 1940 besetzten Niederlanden. Der neunzehnjährige Jan Bazuin entging dieser Razzia mit Glück, weil er sich gerade außerhalb der Stadt aufhielt. Neun Tage später begann er damit, ein Tagebuch zu führen.

* Zu Rotterdam und anderen Orten, Personen und Begriffen finden sich Erläuterungen im Glossar.

ERSTES HEFT

„1 Kartoffel und 3 Butterbrote pro Tag."

20. November 1944 bis 16. Februar 1945

MONTAG, 20. NOV. 1944

Heute kaum etwas Besonderes. Nur dies: Von einer „Bekannten" von mir bekamen wir Kartoffelmarken für 22 kg Kartoffeln. Es sind alte Marken, reine Glücksache, wenn wir etwas dafür kriegen. Es ist halb zehn. Flupp, sagt das Licht. Aus. Ab ins Bett.

DIENSTAG, 21. NOV. 1944

Siehste, wir haben Glück gehabt. Die 22 Kilo Kartoffeln sind angekommen. Morgen, Mittwoch, haben wir nur von Viertel nach fünf bis halb sieben Strom. Also noch früher zu Bett. Wie schön, da werden wir richtig ausgeschlafen sein.

MITTWOCH, 22. NOV. 1944

Heute war sehr schlechtes Wetter. Fast den ganzen Tag Regen. Wir hatten heute Besuch. Ein Hund. Bei meiner „Bekannten" zu Hause konnte er an diesem Tag unmöglich bleiben. Gleich wird er abgeholt. Dann darf ich den Hund und die „Bekannte" nach Hause bringen. Wird nett sein. Halb sieben. Vorbei mit dem Licht. Also eine Öllampe angezündet. Abends 9 Uhr. Gerade eben war ich mit meinem Vater „klauen". Wir sitzen ohne Brennstoff, und deshalb haben wir einen Baum der Ge-

meinde Rotterdam gefällt. „Wer am nächsten am Feuer sitzt, dem ist am wärmsten", und die Bäume stehen bei uns vor der Tür.

DONNERSTAG, 23. NOV. 1944

Heute nicht viel. Der Kontrolleur der Krankenversicherung war da. Man munkelt, dass wir nächste Woche nur ein Brot bekommen werden. „Man" sagt das. Von jetzt an werde ich „man" lieber „Fräulein Schwätzerin" nennen.

FREITAG, 24. NOV. 1944

12 Uhr mittags. Fräulein Schwätzerin zufolge haben sie am linken Maasufer wieder beschlagnahmt. Fräulein Schwätzerin hatte unrecht, als sie meinte, dass wir nur ein einziges Brot bekommen werden. Wir kriegen noch die alte Ration 1 kg Brot pro Woche. Heute Morgen war der Milchmann da. Das war Milch in einer Papiertüte. Milchpulver und sonst nichts. Wenn das nicht üppig ist! Fett oder Butter bekommen wir dieses Jahr auch nicht mehr. Stattdessen gibt es einen halben Liter Speiseöl. Dann können wir also im Öl schwimmen.

Nachmittags 2 Uhr. Heute Nachmittag habe ich entdeckt, dass die Rotterdamer Bullen ihren Revolver gegen den altbekannten Säbel eingetauscht haben. Ob das wohl sicherer (?) ist. Habe gerade wieder ein Stück von dem gestohlenen Baum abgesägt. Das muss auch sein. Beim Amtsarzt wurde mir gesagt, dass ich noch nicht wieder arbeiten darf. Schade! Schwätzerin behauptet, dass wir nächste Woche nur 1 kg Kartoffeln bekommen werden. Mal sehen, ob sie recht behält. Es regnet mal wieder ein bisschen.

Abends 9 Uhr. Dieses Mal hat Schwätzerin recht gehabt. 1 kg Kartoffeln und nicht eine mehr. Es stand in der Zeitung. Und da stand auch drin, dass wir demnächst kein Gas und keinen Strom mehr bekommen werden. Heute ist der letzte Tag. Nur den Mut nicht verlieren. Laut Schwätzerin wird es morgen wieder eine Razzia geben. Kann stimmen, aber ich hoffe es nicht. Wir werden sehen, was uns der morgige Tag bringt. Tschüss.

SAMSTAG, 25. NOV. 1944

Nachmittags 3 Uhr. Das Geschwätz von Fräulein Schwätzerin stimmte diesmal nicht. Es war nichts los, der ganze Tag ruhig. Sogar so ruhig, wie es seit 14 Tagen nicht gewesen ist. Ich warte jetzt, ob meine „Bekannte" vielleicht noch kommt. Wegen der Stromgeschichte weiß ich nicht, ob sie zum Turnen geht, also kann ich sie nicht abholen. Ansonsten nichts, vielleicht bringt der Abend noch etwas.

Über den Rest des Tages gibt es nichts Besonderes zu berichten. Es war ziemlich kalt, und wenn man dann den ganzen Nachmittag und Abend draußen ist (mit der „Bekannten"), ist es wie mitten im Winter. Gegen Abend wurde viel geschossen, und spät am Abend flogen noch ein paar Tommys rüber, auf die auch noch geschossen wurde. Überraschend wurde bekannt gegeben, dass es noch für ein paar Tage Gas gibt. Bis einschließlich Dienstag. Oh, wie gut sie wieder zu uns sind!

SONNTAG, 26. NOV. 1944

Wenn ich nach draußen schaue, sieht es kalt aus. Na ja, dann eben ein Stück von dem „Baum" verfeuern. Komm, ich werde jetzt mal meine Kartoffelsachen zusammensuchen. Morgen gehen wir zu dritt Kartoffeln holen, und das macht derzeit ziemlich viel Umstände. Tage zuvor muss man einen Handwagen bestellen. Heute Abend früh zu Bett, denn wo und wann ich wieder schlafen werde, bleibt abzuwarten.

VOM 27. NOV. BIS 1. DEZ. 1944

Dieser Tage bin ich auf Kartoffelsuche gewesen. Ich werde sie nicht ausführlich beschreiben, denn ich hab schon mehr als genug davon. Es waren Tage voller Hunger, Kälte und Elend. Es gab keine Kartoffeln zu kaufen. Nur wenn man tauschen wollte, konnte man sie kriegen. Wir sind bis Zaltbommel gelaufen, aber auch dort nichts. Als wir Freitagabend nach Hause kamen, hatten wir keine Kartoffeln. Der Deich bei Tiel konnte jeden Moment brechen, und immer noch dachten die Bauern nicht daran, auch nur eine Kartoffel zu verkaufen. Sie ersaufen lieber mit ihren Kartoffeln, als uns welche zu geben. Wir sind um eine Erfahrung reicher, aber um einen Haufen Geld und eine Illusion ärmer. Was soll's, ich habe mein Bestes getan.

SAMSTAG, 2. DEZ. 1944

Junge, Junge, was habe ich gut geschlafen. Das ist das Einzige, was es nicht auf Marken gibt, das können sie mir also nicht wegnehmen. Unsere Brotration ist auch wieder herabgesetzt worden: 1¼ Brot pro Woche. Wenn ich richtig rechne, dann kriege ich 1 Kartoffel und 3 Butterbrote pro Tag. Traurig, aber wahr. Von meiner Bekannten habe ich heute Nachmittag 3 Kartoffelmarken bekommen. Das war ein Glückstreffer, die kann meine Mutter bestens gebrauchen. Ansonsten kann ich noch vermelden, dass Rotterdam am Mittwoch, dem 29. November, wieder von den Tommys bombardiert wurde. Ich war da nicht in Rotterdam, also kann ich nichts darüber schreiben, nur dies: Es hat 22 Tote gekostet.

SONNTAG, 3. DEZ. 1944

Es ist kalt heute. Mutter macht gerade Essen auf dem Ofen. Gas haben wir keins mehr. Ebenso wenig wie Strom. Nur den Mut nicht verlieren. Ab und zu muss für Brennstoff gesorgt werden. Dann gehen wir wieder einen Baum klauen. Wir müssen schließlich unser Essen kochen können. Es wird Zeit, dass der Krieg zu Ende geht.

MONTAG, 4. DEZ. 1944

Na ja, viel hat dieser Tag nicht gebracht. Immer noch dasselbe. Wenig Brot und wenig Kartoffeln und zum Glück noch ziemlich viel Gemüse. Der Krieg kommt nicht so recht vorwärts. Es geht viel zu langsam voran. Schwätzerin hatte heute nichts zu berichten, wie ist das möglich. Was das Wetter in den letzten Tagen angeht, so ist das recht gut. Für einen Wintermonat haben wir wirklich mildes Wetter. Ab und zu etwas Regen und ziemlich viel Wind, aber bis jetzt noch kein Frost.

DIENSTAG, 5. DEZ. 1944

Hm, das soll also der Nikolaustag sein. Fand ihn alles andere als gesellig. Es fing schon um 9 Uhr heute Morgen mit Fliegeralarm an. Den ganzen weiteren Tag Schüsse und Flugzeuge plus diese Sirenen. Weil ich heute bei einer Tante gearbeitet hatte, bekam ich von ihr ein paar Pfannkuchen. Das war das Einzige, was mich noch irgendwie an den St. Nikolaustag erinnert hat. Es ist jetzt Viertel vor zehn am Abend. Wir sind im Augenblick damit beschäftigt, Sirup aus Zuckerrüben zu machen. Ich denke schon, dass es klappen wird.

MITTWOCH, 6. DEZ. 1944

Viertel vor acht abends. Gerade wieder Fliegeralarm. Das ist heute das dritte Mal. Den ganzen Tag über war es unruhig in der Luft. Immer wieder flogen die Tommys drüber. Gerade ist wieder ein ganzer Schwarm vorbei. Da höre ich schon neue kommen. Ich wollte, dass es endlich mal zu Ende wäre. Zu essen haben wir jeden Tag weniger. Man weiß schon gar nicht mehr, wie es ist, sich satt zu essen. Wenn das so weitergeht, werden wir den Winter über hungern. Gerade ist wieder Entwarnung, als ein paar Tommys drüberfliegen. Verrückte Sache, diese Sirenen. Ganz weit entfernt höre ich noch eine heulen. Geht sicher nicht abzuschalten.

Heute Nachmittag habe ich mich wieder an die Englischlektionen gesetzt, mit denen ich angefangen hatte. Ansonsten nichts Neues, außer dass es wieder mal regnet. Sehr weit entfernt wird geschossen. Es

kommt näher. Die Fensterscheiben vibrieren. Abwarten, was das wieder wird. Tod oder Leben?

DONNERSTAG, 7. DEZ. 1944

Heute habe ich mich endlich mal richtig satt gegessen. Ich war den ganzen Tag bei meiner Tante, und da konnte ich so viel essen, wie ich Lust hatte. Ansonsten gab es wieder Fliegeralarm, Schüsse und Flugzeuge. Am Abend, auf dem Heimweg, hörte ich auf dem stockdunklen Oostplein plötzlich ein Stöhnen. Ich sofort hin. Da war doch tatsächlich jemand mitten auf dem Platz in ein Loch gefallen. Schnell jemand mit einer Laterne geholt und wieder zurück. Da lag wirklich ein etwa 45-jähriger Mann. Er war ungefähr 3 Meter tief gestürzt. Sein Gesicht war an zwei Stellen kaputt und voll Blut. Ich selbst runter und hin zu ihm. Als ich etwa 2 Meter von ihm entfernt war, stieg mir ein verräterischer Geruch in die Nase. <u>Alkohol</u>! Als er mich kommen sah, begann er zu jammern. „Oh, mein Kreuz tut mir so weh." Zum Glück war nichts gebrochen. Er konnte sich kaum auf den Beinen halten, so betrunken war er. Zu zweit haben wir ihn aus dem Loch gehievt, und zu allem Überfluss ging er in die Knie und ließ sich auf den Boden fallen. Als ich ihm Prügel androhte, konnte er plötzlich wieder auf seinen Beinen stehen. Nach viel Gejammer und Geklage habe ich ihn endlich bei einem Sanitätsposten auf der Vlietlaan abliefern können. Dass jemand in diesen Zeiten sein Geld für Schnaps verschleudert, kann ich mir nicht vorstellen. Bah, was gibt es doch für Menschen auf der Welt.

FREITAG, 8. DEZ. 1944

Omi Herfst ist heute 103 geworden. Viel zu merken war davon nicht. Im letzten Jahr wurde sie noch vom R.E.T.* mit einer Serenade bedacht, aber das ist jetzt auch nicht mehr drin. Zur Abwechslung hatten wir gerade mal wieder Fliegeralarm. Das Salz wurde auch schon wieder rationiert. Wir kriegen ½ Pfund pro Person. Wie lange man damit aus-kommen muss, wird nicht gesagt. Wenn ich mich nicht irre, dann haben wir die Wehrmacht um 2 ½ Mud Kartoffeln und 1 Mud Kohlen geprellt. Aber das werde ich irgendwann wohl erfahren.

SAMSTAG, 9. DEZ. 1944

Einmal Fliegeralarm, so das Übliche. Ansonsten ist nur zu berichten, dass ich wieder für 10 kg Kartoffeln Marken bekommen habe. Das Wet-ter wird jetzt schlechter. Hagel, Schnee und Regenschauer im Wechsel.

SONNTAG, 10. DEZ. 1944

Heute Morgen war das Wetter etwas besser. Keine Schauer und ab und zu ein wenig Sonne. Es ist jetzt Nachmittag und der Himmel zieht sich wieder zu. Hoffentlich bleibt es trocken, denn ich muss heute Nachmit-tag aus dem Haus. Ich gehe vorläufig nicht mehr ins Kino. Das war so eine Kälte! Nein, das tue ich nicht mehr. Abends war es draußen gemein kalt. War froh, dass ich wieder drinnen war.

MONTAG, 11. DEZ. 1944

Heute Morgen haben wir den Baum klein gehackt. War im Rathaus

---

* R.E.T.: Rotterdamse Elektrische Tram; siehe Glossar.

und ... es hat geklappt. Ich hab die Karten für die Kartoffeln und die Kohlen. Das ist prima. Die Kohlen haben wir heute Nachmittag geholt. Die Kartoffeln hol ich morgen. Am Coolhaven gab es keine. Also dann morgen weitersuchen. Ansonsten muss man betteln, um einen Handwagen zu bekommen. Ich weiß bis jetzt noch nicht, ob ich morgen einen mieten kann. Mal abwarten.

DIENSTAG, DEN 12. DEZ. 1944

Na also. Heute Morgen habe ich die Kartoffeln geholt. Ich denke, dass es sicher 3 Mud sind. Es ist heute wieder richtig mieses Wetter. Starke Regenschauer.

Nachmittags war ich bei meiner „Bekannten", hab sie meinen Anzug bügeln lassen. Hab schon öfter gemerkt, dass ich mich in ihrer Wohnung wohler fühle als bei mir zu Hause. Die Stimmung der Leute untereinander dort ist viel entspannter. Mein Vater hackt in den letzten Tagen ständig darauf herum, dass ich nach Drenthe gehen soll. Anscheinend will er mich sehr gerne loswerden. Nein, dazu habe ich keine Lust. Dafür habe ich dort beim letzten Mal zu viel erlebt. Nein, wenn es an mir liegt, dann gehe ich nicht. Gott weiß, wie weit es mein Vater noch treiben wird, dass ich doch gehen MUSS. Abwarten lautet die Parole. Nun gut, heute Abend habe ich wieder mal genug gegessen. Das ist auch viel wert.

Schwätzerin hat schon eine ganze Weile den Mund gehalten, aber heute hatte sie doch wieder was zu erzählen. Wie sie sagt, müssen alle Ausländer in Deutschland bis zum 15. dieses Monats das Land verlassen, weil es für sie nichts mehr zu essen gibt! Na ja, das muss ich erst sehen, bevor ich es glaube.

MITTWOCH, 13. DEZ. 1944

Ist heute mal ziemlich gutes Wetter gewesen. Es war zwar kalt, aber sonnig. Überall in der Stadt sieht man die Bäume verschwinden wie Schnee in der Sonne. Heute Abend war auch ich wieder dazu unterwegs, aber ich war noch keine zwei Minuten dabei, als ein Polizist hinter mir stand. Nach langem Hin und Her durfte ich die Säge wieder mitnehmen und konnte nach Hause gehen. Hinterher stellte sich heraus, dass der Polizist selbst keine hundert Meter weiter an einem Baum gesägt hat. Nun gut, morgen werden wir es besser machen. Vater will dauernd, dass ich mich nach Drenthe verziehen soll. Mir reicht's und ich will schauen, dass ich nicht gehe, schließlich gibt es hier so einiges, was mich davon abhält. He, ich würde gern etwas essen. Aber es ist nichts da. Es sind jetzt zwar Kartoffeln im Haus, aber trotzdem habe ich heute Abend nicht genug gegessen. Verrückt, aber so ist es.

DONNERSTAG, 14. DEZ. 1944

Brr, war das ein kalter Tag. Den ganzen Tag neblig, und die Sonne

konnte einfach nicht durchkommen. Draußen gab es nicht viel Besonde-

res zu erleben. Hier und da wurde wieder ein Bäckerwagen geplündert.

Aber drinnen im Haus war es schlimmer. Mein alter Herr tat nichts an-

deres, als herumzustänkern und zu schikanieren. Ich weiß genau, worum es geht. Ich bin ihm einfach zu viel, was sonst. Er will mich mit aller Gewalt wieder los sein. Toll! Jeden Augenblick fällt ihm was anderes ein, um mir in die Quere zu kommen. Einmal geht es darum, dass ich „nichts kann", und wenn ich ihm dann widerspreche, dann heißt es wieder, „dass er nie recht bekommt". Dann wieder bin ich eine „Pensionatsschülerin von 16", weil ich aus lauter Langeweile angefangen habe, dieses Tagebuch zu schreiben. Wenn ich ihm dann sage, dass er im Mai 1940 selbst damit angefangen hat, dann mache ich wieder den Mund zu weit auf und soll mehr Abstand halten. Er ist ein lästiger Kerl. Egoistisch wie sonst was. Überall, wo du ihm über den Weg läufst oder wenn er was tun soll, wimmelt er dich ab mit der Bemerkung, „Ich bin schwach und krank". Wobei er wohlgemerkt noch mehr in sich hineinstopft als Mutter, und die schafft durchaus so viel wie ein starker Mann. Dagegen muss ich jetzt kämpfen. Er will mich weghaben, weg nach Drenthe. Dann ist er mich wieder für eine Weile los. Ach, zum Schluss ziehe ich doch den Kürzeren, und ich sehe es kommen, dass ich zu seiner großen Freude noch gehen muss. Aber das verspreche ich ihm, es wird ihn noch sehr viel Mühe kosten, bevor es so weit ist.

FREITAG, 15. DEZ. 1944

Heute Nacht hat es ganz schön gefroren. Den ganzen Tag über war es ziemlich kalt. Heute wurden die Rationen für die kommende Woche festgelegt. Wir haben immer noch 1000 g Brot und 1 kg Kartoffeln pro Woche. Man muss jetzt auch eine Marke für 150 Gramm Süßigkeiten vorlegen. Das soll wohl so eine Art Trostpflaster sein. Und „Paps" sitzt herum und zieht ein langes Gesicht. Zu allem Überfluss macht Mutter

24

jetzt auch schon mit, aber auf eine andere Art. Sie hält es für besser,
wenn ich gehe. Sie meint, dass ich dann mehr zu essen haben werde
(da kann sie vielleicht recht haben) und Vater dann nicht mehr nörgeln
und herumstänkern wird. Nun habe ich beim letzten Mal in Drenthe
gefunden, dass es da auch nicht viel besser war als bei uns zu Hause.
Das Verrückte ist, dass wir uns momentan keine Sorgen um unsere Kartoffeln machen müssen. Wir haben jetzt doch so viel, dass es für zwei
oder drei Monate reicht. Was das Brot angeht, nun ja, das ist sehr
knapp, aber das können wir zum Teil mit Kartoffeln ergänzen. Ich
glaube, dass „Paps" nicht mal froh ist, dass einer seiner beiden Söhne

noch zu Hause wohnt. Ich werde sehen, wie es weitergeht. Jetzt gerade versucht „Paps" wieder, einen Streit wegen meines Füllers vom Zaun zu brechen, aber bis jetzt hat er bei mir keine Chance, das kommt vielleicht später noch.

SAMSTAG, 16. DEZ. 1944

Dies ist ein Tag wie viele andere. Es wird eine Menge geredet und das Wetter ist schlecht. Ich werde froh sein, wenn es wieder Sommer ist, dann kann ich wenigstens mal wieder sonntags mit meiner „Bekannten" spazieren gehen. Jetzt sitze ich den ganzen Samstag und Sonntag im Haus.

SONNTAG, 17. DEZ. 1944

Heute Nacht haben wir einen Baum gefällt. Um 4 Uhr sind wir, Mutter und ich, mit einer Säge bewaffnet nach draußen gegangen. Um 5 Uhr waren wir wieder zu Hause und im Keller lag ein Baum. Jetzt können wir wieder ein paar Tage heizen. Das Wetter ist heute wieder mies. Viel Wind und Regen. Immer noch kein Frost.

MONTAG, 18. DEZ. 1944

Die Bombe ist geplatzt. Aufgrund einer Kleinigkeit kam es zu einer Auseinandersetzung mit Vater. Natürlich lief es darauf hinaus, dass ich nach Drenthe* gehen soll. Zuletzt war das Ganze so aufgeladen, dass Vater sagte: „Wenn du dich nicht ‚verziehst', dann lasse ich dich abholen, da weiß ich schon einen Weg ..." Zunächst war ich so geplättet, dass ich nichts sagen konnte. Dann platzte es aus mir heraus: „Gut, dann werde ich eben Leine ziehen, dann hast du, was du willst."

Jetzt herrscht natürlich Hochspannung. Sowohl von Vaters wie auch von Mutters Seite, denn unsere Auseinandersetzung hatte wegen der Katze angefangen, die ich absolut nicht ausstehen kann. Immer wenn ich am Essen bin, schleicht das Vieh um meinen Teller, und wenn ich sie dann vom Tisch nehme, kriege ich Streit mit Mutter. Und damit hatte es angefangen.

Dass er, mein Vater, mich abholen lassen wird, das traue ich ihm ohne Weiteres zu. Bei deiner Familie kannst du mit allem rechnen.

---

* Es wurde zu dieser Zeit dazu aufgerufen, als Erntehelfer in die Provinz Drenthe zu gehen; siehe Glossar.

DIENSTAG, 19. DEZ. 1944

Was die Lage hier zu Hause angeht, so hat sich noch nicht viel verändert. Mutter hat sich etwas beruhigt, aber von Vater erwarte ich nichts mehr. Es ist vielleicht nicht schön, so über meinen Vater zu denken, aber die Lage lässt mir keine andere Wahl. Morgen werde ich mal zum Rathaus gehen und mich erkundigen, ob die noch Leute nach Drenthe schicken. Das heißt aber keineswegs, dass ich mich sofort wieder an diese Unglückssippschaft ausliefere. Darüber werde ich noch gründlich nachdenken.

Ansonsten gibt es wenig Besonderes. Meine Bekannte überbrachte mir heute Morgen die Nachricht, dass ich Möhren und Zwiebeln holen kann. Die Zwiebeln sind schon im Haus, die Möhren muss ich morgen besorgen. Wieder eine kleine Ablenkung.

Politisch hat sich noch nicht viel getan. Schwätzerin sagt, dass Hitler verrückt ist, aber ihr Nachbar behauptet, er wäre schon lange tot. Das glaube ich nicht so recht.

Wenn ich durch die Stadt laufe, sehe ich, dass die Bäume immer weniger werden. Vor unserer Tür steht kein einziger mehr. In den Straßen, wo vor einem Monat noch drei Reihen Bäume standen, steht jetzt kein einziger mehr. Überall schleppen die Leute die Bäume für Brennholz weg. Vorwerfen kann ich ihnen das nicht. Ich habe ja auch mitgemacht. Aber es ist und bleibt eine Tatsache, dass in Rotterdam viel Grün vernichtet wird. He, was schreibt der Füller wieder schlecht. Mal sehen, ob sich daran was machen lässt.

MITTWOCH, 20. DEZ. 1944

Scheint so, dass mein Füller wieder schreibt. Wenn ich mir das so ansehe, gibt es eigentlich nichts zu meckern. Er ist zwar sehr schnell leer geschrieben, aber der Tintenfluss lässt sich noch regulieren. An politischen Neuigkeiten gibt es Folgendes: Die Amerikaner werden bei Aachen wieder zurückgedrängt. Deutschland ist an allen Fronten wieder in die Offensive gegangen. Radio Oranje meldet, dass die Lage an der Westfront kritisch ist.

Was die Lebensmittelversorgung angeht, da könnte sich möglicherweise was verbessern. In der Zeitung stand gestern Abend, dass man sich von deutscher Seite bemüht, uns etwas mehr zu futtern zu geben. Dafür muss aber alles stimmen. Dann würden wir bekommen: 1400 g Brot, 2 bis 3 kg Kartoffeln, 100 g Speiseöl und 125 g Fleisch pro Woche. Ich wollte, ich hätte es schon.

Die Lage zu Hause ist etwas weniger angespannt. Vor allem von Mutters Seite. Vater tut wieder so furchtbar krank, so auf seine Art. Aber was das betrifft, so bleibt seine Haltung gleich. Ich bin ganz froh, dann brauche ich wenigstens auch nicht mehr mit ihm zu reden, als unbedingt nötig ist.

Die Möhren, die ich Montag holen sollte, sind noch nicht da. Bin zwar da gewesen, muss aber morgen noch mal kommen.

Das Wetter, nun, das ging so. Es war ziemlich neblig und gegen Abend ziemlich kalt.

DONNERSTAG, 21. DEZ. 1944

Bin heute wieder den ganzen Tag am Coolhaven gewesen. Bei meiner Tante musste ein Ofen gesetzt werden. Beim Holzhacken mittags hab ich mir in den Daumen gehackt. Es war anscheinend kein Platz daneben. Am Vormittag war ich wieder hinter den Möhren her, aber dieses Mal kam ich zu spät. Die Schute* war schon leer. Das Wetter war noch immer dasselbe. Kalt und neblig. Zu Hause auch alles beim Alten.

FREITAG, 22. DEZ. 1944

Heute war das Wetter recht gut. Ab und zu schien die Sonne und fast kein Wind. Die neuen Marken sind da. Aber es gibt keine Extras im Hinblick auf die Weihnachtstage. Nein, das ist nicht drin.

* Schute: Schiff für den Gütertransport, vorwiegend auf Binnengewässern.

Heute Nachmittag hab ich bei meiner Freundin zu Hause doch noch einen Beutel der versprochenen Möhren bekommen. Keine Möhren, doch Möhren.

Dies sind die letzten Tage vor Weihnachten. Früher war das eine festliche Zeit, aber nein… jetzt kann man nichts Schönes daran finden. Das werden seltsame Weihnachtstage. Und Neujahr wird natürlich genauso. Nun ja, da kann man nichts machen. Nicht klagen, sondern ertragen, lautet die Redensart. Aber es ist nicht immer leicht.

SAMSTAG, 23. DEZ. 1944

Nun, das ist ein Tag voller neuer Gefühle. Am Vormittag ging in der Stadt schon das Gerücht um, dass auf das Büro der Sicherheitspolizei ein Überfall verübt worden ist. Zuerst wollte ich das nicht glauben, aber um 4 Uhr nachmittags wurden Plakate geklebt, auf denen stand:

„An die Bevölkerung der Stadt Rotterdam ergeht folgende Mitteilung:

In den letzten Tagen ist es wiederholt zu Vorfällen terroristischer Art gekommen.

Deshalb gibt der Bürgermeister bekannt, dass die Sperrstunde verändert wurde.

Die Zeit, in der das Haus nicht mehr verlassen werden darf, wurde festgelegt auf:

Von abends 18 Uhr bis morgens 5 Uhr

Wer sich nicht an dieses Verbot hält …"

Der Rest interessierte mich nicht mehr. Ich wusste schon genug. Heute

Abend um 6 Uhr zu Hause. Das darf doch nicht wahr sein. Das macht richtig Laune. Wo wir doch eh schon so wenig haben. Nun kann man laut schimpfen und man kann leise vor sich hin meckern, helfen tut das rein gar nichts. Na schön, da sitzt man über Weihnachten ab 6 Uhr abends im Haus.

Jetzt was anderes. Vergangene Woche hatte ich einen Topf wegge-bracht, um einen neuen Boden einsetzen zu lassen. Die ganze letzte Woche haben wir ihm den Laden eingerannt, um zu fragen, ob der Topf endlich fertig wäre. Jedes Mal sagte der Mann: „Nein, die letzte Liefe-rung ist noch nicht zurück, komm mal morgen wieder." Heute Nachmit-tag war ich wieder da. Die ganze Lieferung war eingetroffen, aber ... unser Topf war nicht dabei. Er suchte und suchte und was war passiert? <u>*Er hatte vergessen, unseren Topf zum Blechschmied zu schicken.*</u> *Was sagt man dazu? Da sitzt man jetzt. Das war die letzte Gelegenheit, ihn reparieren zu lassen.* <u>*Habe*</u> *dem Ladenbesitzer* <u>*„leise zugeflüstert"*</u>*, was ich von ihm hielt, und bin dann einfach aus der Tür spaziert, mit einem Topf unter dem Arm, der ein Loch im Boden hat, so groß wie mein Daumen. Und da soll man seine gute Laune behalten.*

SONNTAG, 24. DEZ. 1944

Heute Nacht hat es ziemlich stark gefroren. Übrigens hat es tagsüber auch noch gefroren. Trotz des Frostes war das Wetter schön. Den gan-zen Tag schien die Sonne. Viel Besonderes gab es nicht zu erleben. Die Lage zu Hause ist unverändert. Mutter ist ziemlich verträglich, Vater starrköpfig, er tut so, als wäre er ganz furchtbar krank. Essen will er nicht, aber wenn es etwas Leckeres gibt, stopft er sich voll. Um 6 Uhr war ich wieder brav im Haus. Morgen ist Weihnachten. Eine magere, traurige Weihnacht. Man kann nur hoffen, dass es im nächsten Jahr besser ist.

MONTAG, 25. DEZ. 1944, 1. WEIHNACHTSTAG

Es ist 7 Uhr abends. Wir haben gerade gegessen. Dann mal wieder lesen. Es ist übrigens eine Gemeinheit, dass sie uns ab 6 Uhr drinnen halten. Heute bin ich den ganzen Tag bei Annie („der Bekannten") zu Hause gewesen. Sie hatte es geschafft, dass ich zum Essen bleiben durfte. So habe ich zu Weihnachten <u>doch</u> noch Kaninchen gegessen. Als wir am Nachmittag im Vorderzimmer zu siebt am Ofen saßen, musste

ich (leider) den Spielverderber geben. Ich musste ja sehen, dass ich um 6 Uhr zu Hause war, und weil es gerade so gemütlich geworden war, haben Annie und ich uns sehr geärgert.

DIENSTAG, 26. DEZ. 1944, 2. WEIHNACHTSTAG

Die letzten 3 Tage und Nächte hat es ziemlich gefroren. Für die Schlittschuhläufer ist das prima, aber für die Hunderttausenden in den großen Städten nicht. Für die bedeutet das hungern. Solange wie jetzt schon die Eisenbahnen streiken, muss alles per Schiff herangeschafft werden. Wenn also die Flüsse und Kanäle zufrieren, heißt das hungern und nochmals hungern. Aber trotzdem, wenn das Eis trägt, werde auch ich das nutzen. Annie hatte es wieder geschafft, dass ich den ganzen Tag bei ihr bleiben konnte. Nur schade, dass um 6 Uhr schon wieder Kinderschlafenszeit war.

Die Stimmung zu Hause bleibt unverändert. Immer noch Hochspannung mit „Paps". Er stellt sich in den letzten Tagen wieder sehr krank, aber als ich bei Annie zu Hause zwei Brote hatte backen lassen, konnte er die durchaus essen, der Saukerl; das Regierungsbrot schmeckt dem Herrn nicht.

MITTWOCH, 27. DEZ. 1944

Heute habe ich zum ersten Mal in diesem Winter auf Schlittschuhen gestanden. Und wie! Mit Annie bin ich lustig über den Plas gefegt. Das hat richtig Spaß gemacht. Ich glaube nicht, dass man morgen wieder laufen kann. Als ich vor einer halben Stunde draußen stand, begann es hier und da nass zu werden. Ach, schlimm finde ich selbst das nicht. Dann kann zumindest noch etwas zu essen herangeschafft werden.

Heute wurde bekannt gegeben, dass alle Personen zwischen 17 und 40 Jahren aufgerufen werden sollen. Sie müssen dann beim Arbeitsamt erscheinen, und dort wird entschieden, ob und wohin man gehen muss. Das bedeutet natürlich nach Deutschland, denn es geht um den sogenannten Arbeitseinsatz. Ich werde ja sehen, was kommt. Zu Hause ist alles nach wie vor unverändert. Vielleicht bekommt Vater jetzt seinen Willen und ich muss nach Deutschland.

DONNERSTAG, 28. DEZ. 1944

Dieser Tag ist ohne Besonderheiten vorbeigegangen. Alles war relativ ruhig. Draußen, am Himmel, zu Hause und überall. Das Wetter bewegt sich ein bisschen um den Gefrierpunkt. Ansonsten nichts Neues.

FREITAG, 29. DEZ. 1944

Der Vormittag ist einfach so vorübergegangen. Nachmittags kam Annie überraschend vorbei, um mich zum Schlittschuhlaufen abzuholen. So habe ich den ganzen Nachmittag auf dem Eis verbracht. Gegen 3 Uhr kamen plötzlich sehr majestätisch 16 amerikanische Bomber angeflogen. Fliegeralarm. Kurz hinter der Stadt machten sie kehrt, um „ein Ei zu legen", wo genau, weiß ich nicht. Ich denke fast, am linken Maasufer. Den ganzen weiteren Nachmittag war Unruhe in der Luft. Jetzt ist es kurz nach halb neun. Ich höre die letzten Tommys in der Ferne verschwinden.
Ansonsten ist alles wie gehabt. Ach ja, wir hatten wieder Öl, ganze 4 Deziliter. Wie lange wir damit auskommen müssen, wurde nicht dazugesagt. Also sparsam sein. Wo wir doch eh schon im Überfluss leben (?).

Auf die nächste Seite habe ich drei Zeitungsartikel geklebt. Eine Beschreibung ist unnötig, sie sprechen für sich.*

SAMSTAG, 30. DEZ. 1944

Es taut ordentlich. Überall fließt das Wasser ab. Das ist auf der einen Seite auch gut so, sonst könnten überhaupt keine Lebensmittel antransportiert werden. Viel Hagel und Schnee. Ab und zu Flugzeuge in der Luft. Ansonsten alles wie immer.

SONNTAG, 31. DEZ. 1944

Der letzte Tag des Jahres. Was wird uns das neue Jahr bringen? Den Frieden? Vielleicht. Sollte das nicht so sein, sieht es für uns sehr schlecht aus. Dieser Silvesterabend wird für Hunderttausende ein sehr trauriger Abend sein. Wo und wie werden unsere holländischen Jungs diesen Abend verbringen? Mein innigster Wunsch ist, dass der nächste Jahreswechsel etwas besser sein wird.

Es ist jetzt acht Uhr. Die Tommys feiern auch kein Silvester. Ununterbrochen fliegen sie über uns. Vielleicht ist das im nächsten Jahr doch anders. Nun, auf Wiedersehen im Jahr 1945. Adieu 1944.

MONTAG, NEUJAHRSTAG, 1. JANUAR 1945

Das neue Jahr fängt nicht gerade rosig für mich an. Zum Ersten laufe ich mit Geld in der Tasche herum, aber was ich kaufen will, gibt es nicht. Tabak, nein, der ist nirgends zu finden. Zum Zweiten hat es heute Nacht Frost gegeben, und auf dem Eis kann man wegen des festgefro-

---

* Die Zeitungsartikel sind nicht überliefert; die Tagebuchseite ist leer.

renen Hagels nicht laufen. Das geht also auch nicht. Es hatte so schön getaut, und jetzt friert es wieder. Zum Dritten ist die Laune meiner diversen Mitbewohner unter den Nullpunkt gesunken. Vater hat noch 100 g Zigarettentabak und wird mir bestimmt nicht mit einem Zigarettchen aushelfen.

Das einzig Gute heute war, dass ich den ganzen Tag bis halb sechs (dann musste ich wieder nach Hause) bei Annie gewesen bin und dort gegessen habe. Das war denn auch das einzig Gute. Zu Hause haben wir fast nichts mehr zum Heizen. Ich denke, ich werde morgen die Werkbank zu Kleinholz machen.

Den ganzen Tag über, von früh bis spät, waren die Tommys und Yankees in der Luft. Sie sind so unverschämt niedrig geflogen, das war einfach nicht mehr schön. Von der neuen Einberufung noch nichts Neues.

DIENSTAG, 2. JANUAR 1945

Heute frühmorgens hat es kräftig geregnet. Tagsüber gab es auch noch einige Schauer. Zum Glück geht die Schifffahrt wieder. Die Tommys haben in den letzten Tagen wieder ordentlich gehaust in Deutschland. Vor allem in Kassel. Das ist allerdings nicht so schön. In Kassel lebt nämlich mein großer Bruder: schon fast 3 Jahre. Er hat nur ein Mal Urlaub gehabt. Ob er noch lebt, das wissen wir nicht. Es gibt schon seit 4 Monaten keinen Postverkehr mehr mit Deutschland.

Zu Hause ist alles unverändert. Heute Vormittag habe ich mir 50 g Zigarettentabak geholt. Das war dann auch das letzte Mal. Ich kann nicht immer fl. 7,50* für ein bisschen Tabak bezahlen. Dann gebe ich das

---

* fl.: Abkürzung für Gulden; siehe Glossar.

Rauchen eben auf. Gerade eben fliegt wieder eine V1 über uns weg. Die deutsche Vergeltungswaffe.* An den Fronten läuft es für die Alliierten wieder etwas besser, und sie rücken an verschiedenen Stellen vor. Aus purer Not habe ich heute die Werkbank zerhacken müssen. So, jetzt können wir wieder ein bisschen kochen.

MITTWOCH, 3. JANUAR 1945

Nicht viel Neues. Musste heute arbeiten. In der Politik auch nichts. Zu Hause alles wie gehabt.

DONNERSTAG, 4. JANUAR 1945

Heute wieder gearbeitet. Jede Menge Tommys in der Luft. Den ganzen Tag wird geflogen und geschossen. Zu Hause hat es wieder einen kleinen Ausbruch gegeben. In der Zeitung steht nämlich, dass sich alle Männer von 17 bis 40 Jahren zum Arbeitsdienst melden müssen, zwischen dem 5. und 8. Jan. Als zu Hause die Rede darauf kam, gab ein Wort das andere. Dann bekam ich zu hören, wenn ich beim letzten Mal in Drenthe geblieben wäre, dann wäre ich nicht die Ursache dafür gewesen, dass die anderen hier hungern mussten. Ich hab alle Vorräte aufgegessen. Wäre ich mit der letzten Einberufung weggegangen, wäre das nicht passiert. Es gibt schon merkwürdige Menschen auf der Welt. Andere wären froh, wenn sie ihrem Sohn dieses Elend ersparen könnten, und hier zu Hause wollen sie nur, dass ich entweder eingezogen oder nach Drenthe oder sonst wohin verfrachtet werde. Ja wirklich, sogar nach Deutschland. Wie soll man da einen kühlen Kopf bewahren.

* Zum Einsatz der Flugbombe in den Niederlanden siehe Glossar.

FREITAG, 5. JANUAR 1945

Heute wieder nach Schiedam getippelt, ich musste arbeiten. Da die Straßenbahnen schon lange nicht mehr fahren, musste ich das ganze Stück laufen. Rund 1 ½ Stunden zu Fuß. Na ja, das bisschen schafft man auch noch zu dem ganzen Elend, das wir schon haben. Die Tommys waren wieder massenhaft in der Luft.

Es gibt neue Lebensmittelkarten, aber noch immer dasselbe: 1000 g Brot und 1 kg Kartoffeln.

SAMSTAG, 6. JANUAR 1945

Es ist noch immer Tauwetter. Zum Glück, vielleicht wird es dann etwas besser. Ansonsten ein Dreckhaufen in der Stadt. Die Leute kippen ihre Mülleimer einfach am Straßenrand aus. Es kommt auch gar kein Müllmann.

Vater hat es sich wieder in einem „Schlummersessel" bequem gemacht. Ich lass ihn vor sich hin dösen, gebe ihm keine Gelegenheit mehr zu einem Wutausbruch. Von mir kriegt er nichts mehr zu hören.

Spaßeshalber notiere ich jetzt mal die Preise von verschiedenen Artikeln, die auf Karte selten oder gar nicht zu kaufen sind:

> *1 Liter Milch: fl 5,- bis fl 6,-*
>
> *1 Kilo Salz: fl 5,-*
>
> *1 Schachtel Streichhölzer: fl 12,-*
>
> *100 g Soda + 100 g Bleichpulver: fl 3,-*
>
> *1 Kilo Kartoffeln: fl 4,- bis fl 5,-*
>
> *1 Mud Koks: fl 75,-*
>
> *200 g Inlandtabak: fl 10,- bis fl 12,-*
>
> *1 ganzes Brot (ohne Karte): fl 17,- bis fl 20,-*

1 Mud Weizen: fl 1250,- (nur pro Hektoliter zu kaufen)

1 Kilo Rindfleisch (ohne Karte): fl 30,- bis fl 40,-

100 g Kochwurst (ohne Karte): fl 3,50

1 Kilo Suppenknochen (ohne Karte): fl 2,50

1 Kilo Rosenkohl (ohne Karte): fl 1,25

1 Kilo Chicorée (ohne Karte): fl 2,-

1 Kilo Weißkohl (ohne Karte): fl 0,50

1 Pfund Butter (auf Karte nicht erhältlich): fl 75,- bis fl 85,-

Dem ist nichts hinzuzufügen. Man kann sich leicht ausrechnen, wie viel Geld man los ist, wenn man sich auch nur ein Mal satt essen will.

SONNTAG, 7. JANUAR 1945

Schlechtes Wetter. Nichts Neues.

MONTAG, 8. JANUAR 1945

In einem Wort, ein ganz übler Tag. Viel werde ich darüber nicht schreiben. Dazu fehlt mir die Lust. Bin bei der Arbeitsvermittlung gewesen und muss morgen früh um 9 Uhr am Stadion Feijenoord sein. Ziel der Reise ... höchstwahrscheinlich Deutschland. Sie machen ganz schön Dampf. Der Abschied von Annie ist mir wahnsinnig schwer gefallen. Aber darüber muss ich hinwegkommen. Ach, vergiss es, hab zu nichts mehr Lust.

DIENSTAG, 9. JANUAR 1945

1 Uhr mittags. Im Augenblick sitze ich irgendwo unter dem Stadion. Hier bin ich schon seit halb zehn, und wie lange ich noch warten muss, ist nicht bekannt. Gerade haben wir etwas Brei bekommen. Der war wirklich

gut, da gab es nichts zu meckern. Mit Mehl und Zucker (oder Süßstoff). Jetzt heißt es wieder warten auf die Dinge, die da kommen werden.

3 Uhr nachmittags. Ich warte immer noch. Es wird gemunkelt, dass wir heute Abend mit dem Zug abfahren werden. Wenn man sich so eine Weile nicht vom Fleck bewegt, wird dieses Warten schnell langweilig. Hoffen wir mal, dass es bald losgeht.

12 Uhr abends. Im Augenblick sitzen wir mit 50 Mann in einem Güterwagen. Der Zug fährt in Richtung Norden. In dem Raum unter dem Stadion ging es hoch her. Flüche und Schimpfwörter, die es in sich hatten. Vor allem, als es dunkel wurde und nicht wenige der Männer einen gewissen Drang verspürten. Licht gab es keins, es war also stockdunkel. Um das Ganze etwas aufzuheitern, haben wir angefangen zu singen. Klang nicht schlecht, aus ungefähr 500 heiseren Kehlen. Um 9 Uhr antreten. Um 11 Uhr bereit machen zur Abfahrt. Zuerst bekamen wir ein halbes Brot und ein Stückchen Wurst. Dann zum Zug. Der Zug, mit dem wir fahren sollten, besteht aus 40 Vieh- und Güterwaggons. Ich lande in einem Viehwaggon. Es gibt hier nichts, keine Sitze, kein Heu oder Stroh, nichts. Endlich, Viertel vor zwölf fährt der Zug an. Es geht zuerst zum Bahnhof Delftsche Poort, und von dort über die Ceintuurbaan nach Gouda. Dann Utrecht. Da kommen wir gegen 3 Uhr an. 1½ Stunden Aufenthalt, und dann geht es nach Amersfoort. Von da aus quer durch Gelderland, Overijssel, bis ich die Entdeckung mache, dass es in die falsche Richtung geht.

MITTWOCH, 10. JANUAR 1945

Als es hell wird, sehe ich gerade, dass wir nach mehreren Aufenthalten auf Hengelo zufahren. Also doch nach Deutschland? Keine Möglichkeit wegzulaufen. Es fahren genügend deutsche Soldaten mit, um aufzupassen.

Viertel vor zwölf. Ja, es ist so. Wir sind in Bentheim angekommen. Dann habe ich wohl, solange der Krieg dauert, zum letzten Mal die Niederlande gesehen.

Mit sehr viel Mühe kann ich noch auf holländischem Boden eine Karte in den Briefkasten werfen. Adieu Rotterdam, lebe wohl Holland und alles, was mir lieb und teuer ist. Bis nach dem Krieg.

Jetzt machen wir hintereinander in zahlreichen Orten und Dörfern Halt. Zu viele, um sie alle aufzuschreiben. Allerdings lieben es die deutschen Lokführer sehr, lange Pausen zu machen. Kein Bahnhof, an dem wir nicht mindestens eine halbe Stunde stehen geblieben sind. In Lünen bekamen wir ein Stück deutsches Brot* und ein Stück Käse von ungefähr 400 bis 500 Gramm. „Das ist für 1½ Tage", wurde dazu gesagt. Nun, es war bitter nötig, dass es kam. Ich hatte schon alles aufgegessen. Man wird so hungrig von diesem ganzen Zugfahren und Warten. 6 Uhr abends. Den ganzen Tag über ist es gemein kalt gewesen. Wenn die kommende Nacht genauso wird wie die letzte, dann viel Spaß. In der vergangenen Nacht war es einfach nicht zum Aushalten. Diese Kälte im Waggon! Das war schon nicht mehr schön. Wie sollte es auch anders

---

* Im Original „kuch", gemeint ist ein dunkles Brot, im Deutschen auch „Kommissbrot". Das Wort wurde von niederländischen Soldaten verwendet, um minderwertiges Brot zu beschreiben.

sein. Ein Viehwaggon, der, auch wenn man die Tür schließt, noch Ritzen und Fugen, Löcher und offene Fenster hat. Klar, dass es dort zieht wie Hechtsuppe und die Zugluft eiskalt ist. Zum Glück gehen die Türen wieder zu. Ja, man weiß doch, wie das ist, die Männer müssen ein gewisses Bedürfnis verrichten, und das tun sie zwischen den beiden Türen an der Wand entlang nach unten. He, ich kriege Hunger, ich werde noch eine kleine Schnitte Brot essen. Es ist noch was da, und es muss bis morgen reichen.

DONNERSTAG, 11. JANUAR 1945

Was für eine Nacht war das. Eine, die man nie vergisst. Kälte und Wind, Krankheiten und Gefluche, nein, das ist wirklich das Allerletzte. Genau gezählt sitzen 53 Mann in unserem Waggon. In der letzten Nacht hatte einer von ihnen einen Nervenzusammenbruch. Drei liefen regelmäßig zur Tür wegen Dysenterie.* Zwei Jungen von gerade mal 16 Jahren haben die ganze Nacht geweint. Die anderen Männer und Jungs, ich eingeschlossen, haben die Nacht damit verbracht, mit den kalten Füßen zu trampeln, zu fluchen, zu schimpfen, an der Kette zu hängen und über die Beine eines anderen zu fallen, wenn man selbst auch mal „zur Tür" musste. Aber alles hat einmal ein Ende. So wurde es auch wieder hell. Mit klammen Händen habe ich mein letztes Stück Brot verputzt. 12 Uhr. Wenn ich durch eines der Luftlöcher nach draußen starre, ist das eine wahre Augenweide. Die Natur hat sich in ihr Winterkleid gehüllt. Alles, aber auch alles, ist mit einer dicken Schneeschicht bedeckt. Die Wälder und Hügel sind, in einem Wort, wunderschön. Tief biegen sich die

* Dysenterie: Durchfallerkrankung.

Zweige unter der schweren Schneelast. Hier und da sehe ich ein Kanin-chen Haken schlagend davonschießen. Und tatsächlich auch ein Rudel Hirsche, wenn ich genau hingucke, sind es sogar mehrere. Es wird Zeit, dass wir was zu essen bekommen. Wir sollen nach München, sagt der Lokführer.

5 Uhr abends. Gerade haben wir den Bahnhof von Osnabrück verlassen, wo wir mal wieder anderthalb Stunden Aufenthalt hatten. Noch immer nichts zu essen. Das sollte nicht so lange dauern. Hunger, Durst und Kälte plus schlaflose Nächte machen einen mehr als alles andere ka-putt. Die Jungs hier im Waggon bekommen schlechte Laune. Das Schlimmste für die meisten (auch für mich) ist, dass sie nichts zu rau-chen haben. Es wird schon ein Rijksdaalder* für eine Zigarette geboten. So erwarten wir die nächste Nacht.

FREITAG, 12. JANUAR 1945

Oh, was für eine elende Nacht. Kalt, kalt und nochmal kalt. Allerdings muss ich sagen, dass wir heute Nacht zügig durchgefahren sind. Wir hatten in dieser Nacht auch Fliegeralarm. Das hat uns Angst gemacht, aber man gewöhnt sich daran. Und immer noch nichts zu essen. Was für eine Organisation! Sie wollen uns wohl verhungern lassen.

8 Uhr morgens. Gerade sind wir in den Bahnhof von Halle eingefahren. Dort wird uns gesagt, dass wir um 1 Uhr in München sein werden.

Hunger!!! Wir müssen Brot haben!!!

Noch immer nichts zu essen oder zu trinken. Was für ein Elend! Ich

* Rijksdaalder: niederländische Münze im Wert von 2,50 Gulden.

kaufe einem Jungen ein Stückchen Brot für einen Daalder* ab. Als ich das esse, fallen mir ein paar Krümel in den Schoß, die ein anderer Junge schnell zusammenfegt und in sich hineinstopft.

10 Uhr Abfahrt vom Bahnhof Halle.

1 Uhr, noch kein München in Sicht und nichts zu essen gehabt.

3 Uhr, kein München und kein Essen. Hunger.

5 Uhr, kein München und noch immer dieser nagende Hunger.

Halb 6: Wir haben gerade die ersten Vororte von München hinter uns gelassen.

Punkt 6 Uhr fahren wir in den Hauptbahnhof ein. Dort werden wir mit Fliegeralarm empfangen und: „In einer halben Stunde bekommt ihr zu essen, zu trinken und ein Bad. Dann werdet ihr im Lager abgesetzt."

7 Uhr. Wir stehen immer noch auf dem Bahnhof. Als ich von einem Mann neben mir ein wenig Wasser trinken darf, stellt sich heraus, dass das Wasser gefroren ist. Vor nicht einmal 2 Stunden hatte er es von einem deutschen Bahnbeamten bekommen.

8 Uhr. Noch immer in München.

9 Uhr. Endlich geht es weiter. Angeblich müssen wir 25 km weiter raus. Was für eine Verbrecherbande. Immer noch Hunger und Kälte. Ein Elend, wie ich es noch nie erlebt habe. Und wem haben wir das alles zu verdanken? Wem persönlich habe ich das zu verdanken? Lies diese Aufzeichnungen von Anfang an und du weißt alles. Niemals werde ich das vergessen.

* Daalder: Rechnungseinheit, die 1,50 Gulden entspricht, ursprünglich eine Münze.

2 Uhr morgens. Vor einer halben Stunde sind wir im Bahnhof Dachau eingetroffen. Werde mal wieder aus dem Zug hüpfen. Hier erfahre ich, dass wir bis morgen früh, also bis es hell wird, hier auf dem Bahnsteig warten müssen. Erst heftige Proteste, aber man kann es ja doch nicht ändern. Werden wir hier jetzt was zu essen kriegen? Es ist zu hoffen. Mir knurrt weiterhin der Magen. Jetzt gibt es was zu sehen. Die Zugtüren öffnen sich, und ein Häufchen Elend nach dem anderen kommt, durchgefroren und hungrig, ins Freie gekrochen, um sich einen geschützten Platz zu suchen. Männer mit erfrorenen Beinen und Füßen. Jungen, die vor lauter Elend ohnmächtig geworden sind. Baumlange Kerle, die kurz vor einem Nervenzusammenbruch stehen. Wie sollte es auch anders sein. „Warum nicht ins Lager?", wird gefragt. Der Transportleiter meint, im Lager hat man nicht mit uns gerechnet. Also müssen wir hierbleiben, abgestellt. Die Wartesäle sind sofort überfüllt. Wie ist es möglich, dass jemand so viel Kälte ertragen kann? Als ich in einem der Wartesäle Platz gefunden habe, wird ein weiterer Kranker hereingebracht. Nur zu, es passen noch mehr rein. In diesem Raum liegen schon 7. Der Mann, der jetzt reingetragen wird, hat zwei erfrorene Beine, bis zu den Knien.

Dann kommen drei Ärzte von der O.T.* Sie sehen die Kranken und Verwundeten und beginnen Fragen zu stellen. Wie lange hat die Fahrt gedauert? (75 ¾ Stunden). Wie viel habt ihr zu essen bekommen? (¾ Brot, 400 bis 500 g Käse + ein ½ Brot und 50 g Wurst). Wie viel zu trinken? (<u>nichts</u>). In welchen Waggons wurdet ihr transportiert? (Zugige Vieh-

---

* O.T.: Abkürzung für Organisation Todt; siehe Glossar.

und Güterwaggons, in einigen mit etwas Stroh). „Direkt in ein Durchgangslager!!", lautet das Urteil der Ärzte. „Das ist keine menschliche Behandlung mehr."

Also auf zum Lager. Nach einer halben Stunde Fußmarsch kamen wir in einem Durchgangslager an. Die Baracken sehen auf den ersten Blick einigermaßen gut aus. Ich war einer der Ersten und landete in der hintersten Baracke. Hier bekam ich eine Decke und kann mich in die Koje legen. Wo bleibt das Essen? Wo bleibt die Heizung? In der Baracke geht es drunter und drüber. Zum Glück bringen ein paar Russen Holz und Kohlen. Wie der Teufel setze ich den Ofen in Gang. Die Baracke ist überfüllt. Hier sind ungefähr 200 Mann, und die Baracke berechne ich für 80 Mann. Man muss richtig zwischen den Bretterkisten durchkriechen, so viele stehen hier. Als der Ofen endlich brennt, liegen alle anderen schon im Bett. Es ist ungefähr 5 Uhr morgens, und ich werde auch mal schnell in die Koje kriechen. Der Strohsack, auf den ich falle, ist nass und klamm. Die ganze Baracke ist durch und durch kalt. Ich liege noch keine zwei Minuten, da kommt ein Russe herein. „Tee holen!" Wie der Blitz raus, den Becher gepackt und ab in die Küche. Da stehen schon so rund tausend Mann. Dann mal hinten anstellen. Zum Glück geht es ziemlich schnell. Innerhalb einer halben Stunde bin ich an der Reihe.

Wir kriegen Pfefferminztee und ein Stückchen Brot, das genau für <u>drei halbe Butterbrote</u> reicht. Gottseidank, wieder etwas zu essen. Der Tee war fantastisch. Wenn es möglich ist, werde ich mal versuchen zu schlafen. Das wird wohl nicht allzu schwer sein, wenn man bedenkt, dass man seit Montag nicht mehr geschlafen hat.

Halb neun. Ich werde schon wieder geweckt. Wir ziehen um. Nachdem wir uns eine Weile in der Kälte herumgeschleppt haben, werden wir in einer Baracke untergebracht.

Wir liegen jetzt mit 45 Mann in einer Baracke vom Durchgangslager Dachau, auch „Die Hölle von Dachau"* genannt. Früher ein Konzentrationslager, dann ein Judenlager, danach kamen die Russen, und jetzt sitzen wir hier, die Holländer. 11 Uhr. Essen holen. Graupensuppe. Die Qualität ist gut, aber die Menge zu wenig. Ein halber Liter, dürftig.

Abends halb vier wieder Essen holen. Kohlsuppe. Auch wieder ganz gut, aber zu wenig.

In der Baracke beginnt es ein kleines bisschen warm zu werden. Es ist neun Uhr. Eine Glühbirne brennt und es wird still. Gehe zu Bett. Wenn ich noch länger aufbleibe, denke ich zu viel. Es ist schon schwer genug. Das sollten die, die da in Holland sitzen, mal wissen. Letzte Woche Samstag habe ich noch einen Spaziergang mit Annie gemacht. Und jetzt? Mehr als 700 km bin ich von ihr entfernt. Einfach nicht weiter darüber nachdenken.

SONNTAG, 14. JANUAR 1945

Halb 8 morgens. Essen holen. Pfefferminztee mit Brot. Wieder ein Stück in der Größe von anderthalb Butterbroten. Wir bekamen auch ein ganz kleines Stück Butter, ungefähr 10 Gramm.

Es ist immer noch gemein kalt, drinnen wie draußen. Heute Nacht hat es stark gefroren, und drinnen war es auch kalt.

Halb zwölf. Essen holen. Kaffee und Brot. So groß wie 1½ Stücke But-

---

* Die Bezeichnung „Hölle von Dachau" bezieht sich auf das Konzentrationslager Dachau wenige Kilometer weiter nördlich; siehe Glossar.

terbrot und 10 Gramm Butter. Es wurden Bettwanzen entdeckt. Fängt das jetzt schon an? Wie soll das erst im Sommer werden? Es heißt, dass wir in der nächsten Woche auf diverse Fabriken verteilt werden. Am Ofen ist es jetzt sehr behaglich. Die Zungen lösen sich, und die fantastischsten Geschichten machen die Runde. Nur eine Geschichte hält sich hartnäckig. Auf der Fahrt soll es 4 Tote und 19 Krankheitsfälle gegeben haben. Was davon ist wahr? Ich selbst habe von jemandem persönlich gehört, dass sein Kamerad (jemand aus Dordrecht) gestorben ist. Mehr weiß ich auch nicht. Jetzt sitzt man da und wartet auf die Dinge, die da kommen.

Postverkehr nach Holland wird nicht angenommen. Nach Hause schreiben geht also nicht.

Abends halb fünf. Gerade habe ich meine letzte Mahlzeit zu mir genommen. Kartoffeln. Frag nicht, wie viel und wie. Fünf Kartoffeln in der Schale gekocht mit ein bisschen dünner Soße. Das muss jetzt reichen. Ist es nicht zum Haareraufen? Wenn ich daran denke, dass ich am letzten Sonntag bei Annie zu Hause noch so gut und genug gegessen habe. Dass ich am Montagabend zu Hause noch genug und lecker gegessen habe. Und jetzt? Hunger, Hunger, Hunger und nochmals Hunger. Morgens 1½ Butterbrote, mittags 1½ Butterbrote und abends Suppe oder zu wenig Kartoffeln. Dann auch noch, dass man dafür jedes Mal mindestens eine halbe oder Dreiviertelstunde in der Schlange anstehen muss. Wie lange werde ich das aushalten? Wie lange werde ich hierbleiben müssen? Werde ich Rotterdam jemals wiedersehen? Werde ich meine Mutter jemals wiedersehen? [Werde ich Annie nochmal in meinem ...]. Nur nicht dran denken. Man kann nur hoffen, dass ein Wunder geschieht und der Krieg bald vorbei sein wird. Ehrlich, ich sehe keinen Ausweg.

MONTAG, 15. JANUAR 1945

8 Uhr morgens. Was hab ich schlecht geschlafen! Die halbe Nacht hab ich wach gelegen. Und kalt war das heute Nacht. Um 7 Uhr habe ich gefrühstückt, 1½ Stücke Brot (nicht zu dick) mit schwarzem Kaffee. Gestern wurde ein Rotterdamer festgenommen. Er hatte mehr als 20 Paar Socken gestohlen, 6 Paar hatte er an. Solche Dinge passieren hier andauernd, aufpassen lautet also die Parole. Es wird Zeit, dass ich etwas zu rauchen kriege, das baut auf und hilft auch gegen den Hunger.

Hier werden schon 30 Gulden für 50 Gramm Inlandtabak geboten, aber es wird nicht dafür verkauft, man wartet ab, dass <u>noch mehr</u> geboten wird. Jetzt heißt es abwarten, bis wir auf die Betriebe in den Städten verteilt werden.

10 Uhr. Ich habe mich mit einer kleinen Schale warmem Wasser mal richtig herrlich waschen können. Das tut gut. Mit dem Seifenwasser, mit dem ich mich gewaschen habe, hab ich noch zwei Taschentücher gewaschen.

Jetzt warte ich wieder zähneklappernd auf die nächste Essensausgabe. Zigaretten kriegen wir nicht, wenigstens in diesem Lager nicht. Sobald wir aus diesem Lager raus sind, kriegen wir ein Minimum von 2 Zigaretten am Tag, es kann aber auch sein, dass man 4 oder 5 bekommt. Heute soll ein Beamter von der Arbeitsinspektion kommen, um die Arbeitskräfte aufzuteilen. Ich werde versuchen, ob ich zu meinem Bruder nach Kassel kommen kann, viel Hoffnung habe ich nicht, aber wenn man es nicht versucht, passiert gar nichts.

Halb zwölf. Das Essen bestand heute aus Kohlsuppe und einem Stückchen Brot. Die Suppe war zwar gut, aber es war zu wenig. Vor allem hab <u>ich</u> Pech. Statt einer Schale habe ich einen großen Becher. Beim Einfüllen geht immer eine Menge daneben.

12 Uhr. Fliegeralarm. In der Ferne Schüsse und Flugzeuge.

1 Uhr. Gefahr vorbei.

7 Uhr abends. Heute Nachmittag gab es noch einmal Fliegeralarm. Um 4 Uhr habe ich mir wieder eine Kohlsuppe geholt. Sie war ziemlich dünn. Auch das Stück Brot wird immer kleiner. Es reicht genau für 2 halbe Schnitten. Heute kam jemand in die Baracke, um zu notieren, welchen Beruf wir haben. Ich bat ihn um Verlegung zu meinem Bruder

und kam so mit ihm ins Gespräch. Sollte um 5 Uhr nochmal zu ihm kommen. Komme gerade von ihm zurück. Er ist ein fabelhafter Kerl. Ich bekam ein Stück Brot von ihm plus ein Stückchen Käse und zwei Zigaretten, alles von seiner eigenen Ration. Er wird sein Möglichstes für mich tun und morgen zum Lagerführer gehen. Er ist sehr gläubig, und wirklich, der Mann hat mir ein Stück auf die Beine geholfen. Ich bleib noch ein wenig auf, dann gehen wir wieder zu Bett, ein fantastisches Mittel gegen den Hunger.

DIENSTAG, 16. JANUAR 1945

8 Uhr morgens. Bah, was habe ich schlecht geschlafen! Und gefroren habe ich auch! Im Übrigen hat heute Nacht jeder gefroren. Viertel vor sechs war ich schon auf. Das Licht war gerade angegangen, und ich habe gleich den Ofen angeheizt. Halb sieben Essen holen. Der berühmte Krümel Brot und Tee. Um 11 Uhr kam die zweite Mahlzeit. Oh, wann komme ich endlich von hier weg? In Holland war das Essen auch knapp, aber in diesem Lager ist es noch weniger. Da ist es zu Hause doch besser. Gestern Abend wurde in der Baracke neben uns ein ziemlich neuer Overall gegen 10 Zigaretten getauscht. In unserer Baracke werden für eine Zigarette 5 Gulden geboten. Gestern wurde ein schwerer Goldring für 100 RM* und 10 Zigaretten verkauft. 12 Uhr. So, das Stückchen Brot ist auch vertilgt. Heute gab es lauwarmen Kaffee dazu. Davon müssen wir jetzt bis 4 Uhr zehren, dann kriegen wir schon wieder die letzte Mahlzeit. Gestern hatten wir zum letzten Mal etwas zum Heizen. Also wieder länger in der Kälte sitzen. Tagsüber

* RM: Abkürzung für Reichsmark; siehe Glossar.

57

sind hier im Durchschnitt – 14 bis – 15 Grad, nachts – 17 bis – 18 Grad. Toll, immer diese Kälte.

2 Uhr. Antreten für eine zweite Decke. Hurra! Ich hab es ziemlich gut getroffen. Hab eine ziemlich dicke Decke gekriegt. Als das erledigt war, Passfotos machen und einen Pass ausstellen lassen. Morgen oder übermorgen kann der Pass abgeholt werden.

Halb fünf. Essen holen. Ich hatte besonders viel Glück. Kriegte <u>sieben</u> Pellkartoffeln (mit Labbersoße). Und zu allem Überfluss gab es ein Brötchen dazu.

Von dem jungen Mann, der für meine Verlegung sein Möglichstes tun wollte, bekam ich ein bisschen Tabak. Hurra! Endlich mal wieder eine Zigarette. Wir werden heute wohl ganz früh im Bett liegen, da der Ofen aus ist. Oh, wär ich bloß hier weg. Wär ich bloß wieder in meinem lausigen Rotterdam!

MITTWOCH, 17. JANUAR 1945

9 Uhr morgens. Heute Nacht war mir einigermaßen warm, und ich hab auch ein wenig geschlafen. Um halb 8 habe ich gegessen (2 x ½ Butterbrot und Kaffee). Zur Zeit herrscht strenger Frost, und es ist kalt in der Baracke. Da läuft man den ganzen Tag auf und ab wegen der kalten Füße.

Halb zwölf. Hab gerade gegessen. Kohlsuppe mit Brot. Die Suppe war dieses Mal ziemlich gut, aber es ist viel zu wenig. Der Krümel Brot ändert daran auch nichts. Jetzt wieder herumtigern bis 4 Uhr, um dann wieder die „große" Ration zu holen. Das ist vielleicht eine Organisation! Keine Kohle, wenig Essen und schlechte Betten.

2 Uhr. Wir liegen jetzt alle schon seit 12 Uhr im Bett. Ich kann auf keine

Art und Weise ein kleines bisschen warm werden. Nur meine Hände sind ein wenig zu gebrauchen. Ich hab 4 Paar Socken an, liege unter 2 Decken und habe meine Jacke um die Beine gewickelt und immer noch kalte Beine und Füße, in denen kein Gefühl mehr ist. An den Fensterscheiben haben sich dicke Eisblumen gebildet, und der Becher Kaffee von heute Morgen ist zur Hälfte gefroren. Es liegt ein großes Stück Eis auf einer Schale Wasser, die um 10 Uhr mit warmem Wasser aus der Küche gefüllt wurde, die war für einen mit kaputten Füßen, denn wir haben kein Wasser und die Hähne sind gefroren. Es heißt, dass wir

heute Nachmittag oder morgen Zigaretten kriegen. Hoffentlich, Rauchen hilft fantastisch über den Hunger hinweg.

5 Uhr. Wir haben gerade unser „Dinner" eingenommen. Das bestand aus Graupensuppe. Viel war es nicht. Die Anzahl der Kranken ist auf 61 gestiegen, davon sind 5 schwer lungenkrank. Der Lagerarzt war zum Krankenhaus gegangen, um die Lungenpatienten dort unterzubringen. Aber dort ist kein Platz. Diese Woche wurde München schwer bombardiert, von daher sind die Krankenhäuser brechend voll.

Ich werde mal wieder zu Bett gehen, wenn man auf ist, friert man nur.

DONNERSTAG, 18. JANUAR 1945

Heute Nacht habe ich wegen der Kälte kein Auge zugetan, trotz der zweiten Decke. Hab mir gerade das berühmte Stück Brot in den hohlen Zahn gestopft. Jetzt werde ich mich mal mit Schnee waschen, die Wasserleitung im Waschhaus ist bis auf einen Hahn zugefroren. Man versteht, dass es bei diesem einen Hahn voll ist, also wasche ich mich mal mit Schnee. Dann wieder bis halb zwölf auf das „Mittagessen" warten. Zigaretten sind noch keine da. Ansonsten ist und bleibt es entsetzlich kalt.

1 Uhr. Das „Mittagessen" bestand heute aus Kohlsuppe, die ziemlich dünn war. Es geht das Gerücht um, dass morgen oder übermorgen Transporte aus diesem Lager gehen. Hoffentlich; vielleicht wird es dann besser für uns.

Eben habe ich mit zwei Rotterdamer Polizisten gesprochen, die von der letzten Einberufung noch hier waren. Sie fahren am Montag zurück nach Holland und nehmen unsere Adressen mit. Zufällig ist einer der Polizisten ein guter Bekannter von dem Polizisten, der zu Hause neben uns wohnt. Er würde ihn bitten, bei mir zu Hause vorbeizugehen, um ihnen zu sagen, wie es uns hier geht. Die Zigaretten sind immer noch nicht eingetroffen. Das wird wohl nichts mehr, wenn wir morgen wirklich weggehen sollten. Jetzt heißt es nur noch warten auf das „Abendessen" um halb vier. Wenn wir dort Bratkartoffeln mit Erbsen und Beefsteak bekommen, sage ich nein danke. Ich finde diesen ½ Liter Flüssigkeit nämlich viel leckerer und bedeutend nahrhafter. Das glaubst du nicht? Ich auch nicht, aber es ist so. Heute ist es nicht ganz so kalt wie in den letzten Tagen, obwohl es immer noch um –6 Grad ist. Da höre ich gerade wieder Fliegeralarm. Was wird der wieder bringen? Werfen die Tommys heute „Tee" oder „Zigarettenschachteln" ab? Ich glaube nicht, das machen sie nur in dem guten alten Holland, nach dem man sich unaufhörlich zurücksehnt. Wie mag es den Leuten dort gehen? Wie wird es Mutter wohl gehen? Wie mag es Annie gehen? [Denkt sie hin und wieder noch daran, wie viel Spaß wir manchmal miteinander hatten? Sei's drum. Ich hoffe nur, dass ich bald wieder mit ihr zusammen sein kann.] Das war schon ein Paradies bei ihr zu Hause, verglichen mit der Ernährungslage in diesem „Mordlager".

Halb fünf. Das „Abendessen" ist wieder mal verzehrt, bestehend aus nur einem Gang: Rübensuppe. Was Besonderes war es nicht, aber warm, und damit ist alles gesagt. Die Gerüchte, dass wir morgen aufbrechen werden, verdichten sich. Wenn das wahr ist, dann werden wir es vielleicht etwas besser haben, was das Essen und die Betten angeht. Nach allgemeiner Meinung hier ist das Essen in Bayern überragend gut, aber davon habe ich bisher noch nichts gemerkt. Jetzt heißt es, auf den Befehl zum Aufbruch warten (wenn das wirklich stimmt). Ich selbst habe heute Nachmittag mit einem Beamten vom Arbeitsamt gesprochen, der meinte auch, dass wir das Lager verlassen würden.

Das Wetter ist heute Nachmittag recht gut geworden. Die Sonne hat sich gezeigt und tatsächlich ... <u>es taut</u>! Überall läuft das Wasser entlang, und alles wird schwarz vom Wasser.

Halb sieben. Ich geh mal in die Koje.

FREITAG, 19. JANUAR 1945

9 Uhr morgens. Heute Nacht habe ich recht ordentlich geschlafen. Als ich heute Morgen wach wurde, war starker Sturm, der langsam immer schlimmer wird. Der Schnee wird in hohem Tempo über die Ebene gefegt, ein richtiger „Polarsturm".

Das Frühstück bestand aus Brot und Kaffee. Na, das hatte ich schnell intus. Offiziell verlassen morgen die ersten Transporte das Lager. Die Zigaretten glänzen nach wie vor durch Abwesenheit. Jetzt warten wir in der Kälte auf die nächste Mahlzeit. Kohlen kriegen wir nicht mehr, das ist vorbei. Alle laufen hier den ganzen Tag in Mänteln herum oder liegen auf dem Bett. Wäre doch nur der Krieg zu Ende, dann ginge es ganz von selbst einfacher, sich durchzuschlagen, dann hätte man wenigstens Aussichten. Nun ist alles so trübe und dunkel, dass man Angst hat vor der Zukunft.

2 Uhr. Kohlsuppe und sonst nichts. Wann werde ich mal wieder genug essen können? Gerade wieder Fliegeralarm.

3 Uhr. Oh, ich kann dir ganz genau sagen, dass es 3 Uhr ist. Jeden Tag gegen 3 Uhr fängt mein Magen an zu knurren. Man kann nur hoffen, dass ich hier die längste Zeit gewesen bin. Dass wir morgen gehen, wird jetzt wieder infrage gestellt. Ich kann mir keinen Reim mehr darauf machen.

Halb fünf. Gleich Essen holen. <u>Pellkartoffeln mit Tee</u>. Eine traumhafte

Kombination. Aber das soll mich nicht abhalten, wenn es nur essbar ist. Den ganzen Tag stürmt es schon. Wegen der Kälte habe ich mich ins Bett gelegt, und wenn ich gleich gegessen habe, gehen wir erneut in die Koje. Heute Morgen haben mehrere Jungs das Lager verlassen. Das ist nun mal nicht erlaubt. Sie wurden von der Lagerpolizei aufgegriffen und … 10 Tage Straflager. Man ist hier eben kein Deut besser als ein russischer Kriegsgefangener.

SAMSTAG, 20. JANUAR 1945

Bah, was für eine üble Nacht. Kalt wie die Hölle. Sturm! Grauenhaft. Und der Frost, der zurückgekommen ist, das ist einfach nicht zu beschreiben. Um 7 Uhr hieß es Essen holen, Brot und Tee. Danach fertig machen zur Abfahrt. Um halb zehn antreten, draußen auf einem Platz. Wie kalt das war in dem Sturm! Dann wurde deine Nummer aufgerufen, die auch auf der Essenskarte steht. Das ging im Schneckentempo. So haben wir wie Vieh auf dem Markt gestanden, von halb zehn bis halb drei. Und ich war immer noch nicht weg. Natürlich durchgefroren bis auf die Knochen und mittags kein Essen gehabt. Das lassen sie einfach mal wegfallen. Um halb drei waren noch 650 Mann übrig. Die mussten auf 4 Baracken verteilt werden. Nun sitze ich in einer Baracke, in der ungefähr 135 Mann sind, während nur Platz für 70 ist. Hier müssen wir die Nacht verbringen. Von schlafen kann jetzt gar keine Rede sein. Es ist, in einem Wort, eine Schweinerei. Man ist hier noch weniger wert als ein Stück Vieh. Ein Schwein hat noch Stroh, auf dem es stehen kann. Jemand anders mag nun vielleicht sagen: „Kopf hoch!" Aber mir wird das ein bisschen zu viel. Sonst konnte der Samstagabend so gemütlich für mich sein, bei Annie

zu Hause oder auch bei mir (trotz des Hungers). Aber hier? Hier geht jeder kaputt. Ich hab gesehen, wie riesige Kerle zum Arzt getragen wurden. Ich begreife selbst nicht, dass ich es noch bis hier geschafft habe. Jetzt warte ich einfach ab, wie wir durch die Nacht kommen werden.

SONNTAG, 21. JANUAR 1945

Heute Nacht hat es wieder heftig gestürmt. Gegen Morgen begann es auch noch zu schneien. Was für ein gigantisches Schneegestöber. Zum Frühstück gab es wieder Brot mit Kaffee. Danach wieder antreten (im

Sturm). Nun gut, alles in allem haben wir wieder zweieinhalb Stunden in der Kälte gelitten, und ich <u>noch</u> nicht weg.

12 Uhr. Suppe holen. Ziemlich dünn. Aberrr!

Frau Fortuna war mir da mal günstig gesinnt. Ich habe in der Küche gefragt, ob ich dort arbeiten kann, und…? Es hat geklappt. Den ganzen restlichen Tag hab ich Kartoffeln geschält. Und mit dem Essen lief es auch ganz gut. Ich war noch keine halbe Stunde da, da bekam ich schon Kartoffeln, Möhren, Soße und Fleisch. Als ich das intus hatte, durfte ich einen großen Kessel sauber machen, in dem Pudding gekocht worden war. Da war nicht wenig übrig geblieben.

Um 6 Uhr war Essen dran. Ich kriegte mal eben 4 große Portionen Grießmehlsuppe, auf der das Fett schwamm. Dann ein großes Stück Brot mit einem Stückchen Butter. Abends beim Weggehen bekam ich noch eine große Schüssel Pellkartoffeln auf den Weg. Die habe ich unter den Jungs in meiner Baracke verteilt. Die hungern auch. Habe heute die Entdeckung gemacht, dass ich an einem Fuß Frost und an dem anderen 5 Zehen Frost hatte. Toll!

Es ist jetzt fast acht, und ich lege mich mal in meine Koje. Vielleicht kann ich morgen wieder in der Küche arbeiten. Immerhin, dieser Sonntag war nicht schlecht für mich. Es gibt neuen Mut, und man hat etwas zu tun. Sonst gerät man ins Grübeln, und das ist auch nicht gut. Nun denn, gute Nacht.

MONTAG, 22. JANUAR 1945

Um 6 Uhr habe ich mich schon wieder in der Küche blicken lassen, wo wir um halb neun zum Essen gingen. Zuerst hatte ich das Brot für die Baracken bereitstellen müssen. Das war mir anvertraut worden. Du

verstehst? Dann haben wir gegessen. Ein Stück Brot (ungefähr vier Schnitten), eine Semmel, ein Löffel Marmelade und Kaffee mit Milch und Zucker. Ich hatte schon 3 Stücke Brot in meiner Tasche verschwinden lassen, ich hatte also genug. Um neun Uhr haben sie mich abgeholt. Antreten im Schneesturm zur Abfahrt (schon wieder!).

Um 11 Uhr standen wir da immer noch, es wurde rasch ein wenig Rübensuppe ausgeteilt. Dann wieder warten (im Schneesturm), bis die Herren vom Arbeitsamt gegessen hatten. Die tauchten gegen 1 Uhr wieder auf. Dann ging es erneut los. Die Gruppe, die übrig blieb, wurde kleiner und kleiner, aber Janni war immer noch dabei. Endlich, um 2 Uhr, war ich an der Reihe. Decken abgeben und zum Bahnhof. Menschenskind, war das kalt! Um 3 Uhr fuhr der Zug ein, und dann ging es Richtung München. Nach einer Dreiviertelstunde Fahrt in einem Personenzug kamen wir in München mit 70 Mann an. Wie sieht die Stadt aus! Dass ich das nicht näher beschreibe, geschieht aus Vorsicht, aber das steht fest, Rotterdam ist verglichen mit den Trümmern von München wie ein Tropfen zum Ozean. Wir mussten dann mal eben 3 ½ Stunden laufen, bevor wir endlich unseren Zielort erreicht haben. Und nach wie vor dieser elende Schneesturm. Endlich, gegen 8 Uhr, kamen wir in Freimann, einem Vorort von München, an. Nach reichlich Gemecker, Gefluche und Gejammer kamen wir zu einem großen Fabrikkomplex der Deutschen Reichsbahn. Dort wurde uns gesagt, dass wir noch 10 Minuten weitermussten und dann in ein Lager kämen. Also schleppten wir uns weiter durch den Sturm. Jetzt bin ich in einem großen Lager, zusammen mit 3 Nationalitäten: Polen, Franzosen und Holländer.

Ich bin mit 26 Holländern und fast ebenso vielen Polen in einem großen Raum. Der ist um 1000 % besser als der in Dachau. Hell, Ofen, Kohlen, eine anständige Pritsche, Tische, Bänke und … alles in allem eine Baracke aus Stein. Schon bald bekamen wir Eintopf und Brot. Ich machte mich darüber her wie ein Löwe. Aber ach, lieber Himmel, als wir fertig waren, wurde gesagt, dass das Brot für morgen bestimmt war. Nun ja, halb so schlimm. Ein bisschen mehr oder weniger Hunger. Jetzt komme ich gerade von einem Besuch zurück. Ich hab mich erstmal herrlich gewaschen und wurde dann auf ein Zimmer mit Polen und Franzosen eingeladen. Hab nie gewusst, dass ich der deutschen Sprache so mächtig bin, ich redete einfach drauflos und konnte sofort die Sympathie des ganzen Zimmers gewinnen. Bekam eine Zigarette angeboten, und es

war urgemütlich. Morgen darf ich wiederkommen, und dann fällt viel-
leicht etwas ab. Wer weiß? Ich werde mich jetzt fertig machen für die
Reise durch die Nacht. Mann, bin ich müde, ich falle fast um. [Schlaf
gut. Gute Nacht nach Holland. Gute Nacht, Mutter, schlaf gut, Annie.]

Kehre so schnell wie möglich in dein freies
Vaterland zurück. Krystyna*

Dem Holländer (?) — der Pole [...]

Aus den [...] des heldenhaften Warschaus — Filiale
Freimann. Salut! [...]

Dem holländischen Genossen im Unglück — ein
polnischer Bandit-Partisan. Freimann, 22.1.1945.
Dabrowski.

Die polnische Dame aus Warschau, die Freundin
aus Rotterdam.
23.1.45 Barbara Makowska

Pater Familias [...]

Dem Holländer — ein kleiner Soldat Polens. Zdisio.

Dieser Satz hier oben ist von einem zwölfjährigen polnischen Jungen
geschrieben worden.

* Diese Sätze sind im Original von Jans Bekannten auf Polnisch geschrieben.
 Die Unterschriften sind teilweise nicht mehr lesbar.

DIENSTAG, 23. JANUAR 1945 (FREIMANN)

Zunächst mal will ich erklären, was hier am Rand und oben steht. Heute Abend bin ich wieder bei den Polen zu Gast gewesen. Da habe ich gefragt, ob einige vielleicht etwas schreiben möchten. Aber ja, mit dem größten Vergnügen, und hier ist das Ergebnis. Es sind sehr nette Leute, und für einen guten Kameraden tun sie alles. Ich bekam jedes Mal eine Zigarette und auch noch Brot. Als Souvenir bekam ich polnisches Geld im Tausch gegen holländisches Geld. Für 1,45 Gulden kriegte ich ungefähr 25 RM in polnischer Währung, aber das Geld hebe ich auf.

Jetzt zu dem vergangenen Tag. Heute Morgen gab es Kaffee mit Milch und Zucker. Brot hatte ich nicht mehr, das Essen fiel also aus. Um 10 Uhr kamen 2 Italiener aus dem Büro der großen Fabrik, um uns einzuschreiben. Die Fabrik ist etwa so groß wie der Kralingse Plas in Rotterdam. Es arbeiten dort ungefähr 4000 Männer und Frauen aller Nationalitäten: Polen, Russen, Amerikaner, Engländer, Slowaken, Franzosen, Holländer, Belgier, Letten, Dänen, kurzum, ein Cocktail. Morgen mussen wir an die Arbeit. Lokomotiven reparieren.

Um halb eins wurde uns Essen gebracht (also nicht in der Kälte stehen). Das Mittagessen bestand aus einer Suppe und einem Brei. Die Suppe war fantastisch! Und den Brei konnte man mit der Gabel essen. Es gab genug. Ich habe 2 Liter Brei und 1½ Liter Suppe vertilgt. Schließlich muss ich das Versäumte nachholen! Den Nachmittag habe ich damit verbracht, mich von Kopf bis Fuß zu waschen. Herrlich war das!

7 Uhr wurde uns das Essen wieder gebracht. Wieder Suppe und Brei. Dieses Mal Grießbrei mit Zucker. Gleichzeitig bekamen wir ein ½ Pfund Brot und ein Stück Butter. Das Brot ist für morgen früh. In der Fabrik kriegen wir um 12 Uhr Mittagessen. Die Butter bekommen wir 2 x in der

Woche. Vielleicht kriegen wir noch Käse oder Wurst. Na also, das Essen hat sich also erheblich verbessert. Trotzdem wäre ich lieber wieder in Rotterdam mit 3 Schnitten Brot und einem ½ Liter Garküchensuppe. Osten, Westen, zu Hause ist auch nicht alles gut, aber doch immer besser als in der Fremde.

Was das Wetter betrifft, so hat sich der Sturm gelegt. Gegen Abend hat es wieder angefangen zu schneien. Es liegt jetzt schon circa ein ½ Meter Schnee, und jetzt fällt wieder ein ganzer Haufen. Zum Glück läuft man nur 10 Minuten bis zur Fabrik. Da müssen wir um 7 Uhr sein, also ab ins Bett. Penn schön.

MITTWOCH, 24. JANUAR 1945

Heute Morgen um 7 Uhr standen wir vor der Fabrik. Dort wurden wir empfangen mit: „Geht zurück, keine Arbeit." Morgen früh wiederkommen. 12 Uhr Essen. Suppe vorweg und nur Rotkohl. Schmeckte prima. Am Nachmittag im Lager Schnee räumen. 6 Uhr Essen. Vorab Suppe und dann Kartoffelpüree. Herrlich. Brot für morgen erhalten. Bei den Polen habe ich polnisches Geld aus der Vorkriegszeit im Wert von 18 RM bekommen. Bei anderen Polen bekam ich 2 kg Brot dafür. Ist das nicht prima? Muss mich kürzer fassen, das Papier wird knapp. 10 Uhr. Bettzeit. Gute Nacht.

DONNERSTAG, 25. JANUAR 1945

Um halb acht wieder zur Fabrik. 10 Männer werden ausgesucht, der Rest geht wieder zurück, ich auch. Um 1 Uhr sollen wir mit einem Auto in eine andere Fabrik gebracht werden. Halb zwölf Essen. Suppe, Kartoffeln mit Möhren und Fleisch. Hervorragend! Um 1 Uhr in die Fabrik.

Warten bis 4 Uhr. Dann weg, mit 65 Mann in einem Lastwagen. Quer durch München nach Neuaubing. Dort werden wir in einem Festsaal untergebracht. Dreistöckige Betten. Wir kriegen Suppe und Brot, 2 Decken und grobe Worte von dem Transportleiter. Was für ein Tag! Man sagt, dass wir hierbleiben werden. Halb zehn, Bettzeit.

FREITAG, 26. JANUAR 1945 (NEUAUBING)

Halb sieben morgens Kaffee, der von zehn Minuten entfernt geholt werden muss. Halb zehn, Wassersuppe mit hier und da einer Gerstenflocke. Halb eins. Essen. Sauerkrautsuppe, ziemlich dürftig. Um ein Uhr soll der Doktor kommen, der ist aber erst um 4 Uhr da. Untersuchung. Also, am laufenden Band ging das. Der Doktor zog nicht einmal seinen Mantel aus, um 70 Mann zu untersuchen. Alles für gesund erklärt in einer Zeit von genau 25 Minuten. Halb sechs, Essen. Graupensuppe mit Kartoffeln. Sehr schlecht, einfach ungenießbar, aber wenn man Hunger hat, isst man alles. Für morgen bekamen wir ein Stück Brot, so groß wie zwei Streichholzschachteln. Zu allem Überfluss war Schimmel auf dem Brot. Trotzdem essen, sonst hat man überhaupt nichts. Gerade wird festgestellt, dass die Tür zugesperrt ist. Niemand kann rein oder raus. Ganz prima! Werde schnell zu Bett gehen.

SAMSTAG, 27. JANUAR 1945

Um halb 7 Kaffee. Danach antreten zum Schneeräumen (Arbeitseinsatz?) Blödsinn! Die politischen Berichte sind ziemlich ermutigend. Wenn das nur so bleibt. Nach dem, was die Deutschen hier sagen, stehen die Russen 150 km vor Berlin. Nur den Mut nicht verlieren. Trotzdem rechne ich damit, dass ich hier noch ein Jahr festsitze.

9 Uhr. ¼ Liter Brotpudding. Dann wieder Schneeräumen bis 1 Uhr. Essen. ½ Liter Sauerkrautsuppe. Dann alle zusammen zur Fabrik. Eine
Ansprache von 5 Minuten, dann wieder Schneeräumen. Um 6 Uhr gab
es wieder Essen. Kohlsuppe. Genau 12 volle Esslöffel. Und dann… ein
Duschbad. Um 7 Uhr bekamen wir die Gelegenheit, in einem polnischen

Lager zu baden. Herrlich, zum ersten Mal seit ich von zu Hause wegge-
gangen bin, wieder ein Bad mit warmem Wasser.

Halb 8. Es beginnt wieder zu schneien. Kurz in eine Cafeteria für eine
letzte Tasse Kaffee und dann ab ins Bett. Mein letztes Geld geht dafür
drauf. Es wird Zeit, dass wieder etwas dazukommt. Viel hatte ich eh
nicht, als ich von zu Hause wegging, und das bisschen ist jetzt alle.

SONNTAG, 28. JANUAR 1945

Heute Nacht schlecht geschlafen. Hatte rasende Kopfschmerzen. Halb 7
vormittags Kaffee. 12 Uhr. Suppe. Wahnsinnige Kopfschmerzen. Ich lege
mich ins Bett.

MONTAG, 29. JANUAR 1945

Was gestern nach 1 Uhr mit mir passiert ist, weiß ich nicht mehr. Mein
Bettnachbar sagt, ich hätte mit hohem Fieber im Bett gelegen und hin
und wieder etwas geredet. Ist mir nicht bewusst. Weiß ich absolut nicht
mehr. Seltsam, aber wahr.

Heute Morgen mussten wir wieder Schneeräumen. Krank oder nicht
krank, mitkommen und „arbeiten". Um halb zehn waren wir in der
Nähe der Küche. Fühlte mich noch hundeelend. Was war bloß los mit
mir? Als wir bei der Küche waren, habe ich versucht, mir da eine Stelle
zu angeln. Und siehe da, vorläufig zur Probe arbeiten. Dazu ein Paar
solide Holzschuhe, die ich bezahlen muss (8 RM). Das kann ich tun, wenn
ich mein erstes Geld gekriegt habe. War schnell in der Küche und hab
erst mal etwas gegessen. Brot mit Butter, Kaffee, Bier, Makkaroni mit
Buttersoße. Den ganzen Tag über gegessen. Nachmittags zum Doktor, ob
ich keine Läuse habe. Davor hatte ich keine Angst. Ich weiß, dass ich

sauber bin. Aber doch, viele Holländer haben jetzt einen kahl gescho-
renen Kopf. Verdreckt. Was mein Kranksein betrifft, ich hab immer
noch rasende Kopfschmerzen. Zuerst dachte ich, ich hätte Frost in den
Zehen, aber jetzt stellt sich heraus, dass meine Zehen erfroren waren.
Jetzt, wo sie wieder aufgetaut sind, tut das höllisch weh.

Alle Leute, mit denen ich in letzter Zeit geredet habe, meinen, dass der
Krieg in 5 Monaten vorbei ist. Ob es nun Italiener sind oder Deutsche,
Russen oder Franzosen, alle sagen dasselbe. Na, ich hoffe es. Morgen
sitze ich 3 Wochen in diesem „Mordland". Das sind mir schon 4 Wochen
zu viel.

DIENSTAG, 30. JANUAR 1945

Ich werde es kurz machen, denn ich falle um vor Müdigkeit. Um 6 Uhr in der Küche. Zuerst gegessen. Bis 10 Uhr Suppe kochen und dann Kartoffelpuffer braten. Zu zweit, der Chefkoch und ich, haben wir 7500 Reibekuchen gebacken, in 4 großen Pfannen. 520 pro Stunde. Ich hab ganz schön einen in der Krone. Ab und zu ein Glas Bier, dann lässt es sich durchaus aushalten. Habe heute genau ein Pfund Butter verschlungen auf Brot und Reibekuchen. Um 7 Uhr abends war ich fertig. Geh jetzt ins Bett, kann einfach nicht mehr stehen. Macht aber nichts. Ihr versteht sicher, warum.

MITTWOCH, 31. JANUAR 1945

Heute Nacht wieder schlecht geschlafen. Mit furchtbaren Kopfschmerzen bin ich um 7 Uhr wieder in die Küche gegangen. Um halb eins ging ich in die Baracke zurück. Ich konnte mich nicht mehr auf den Beinen halten. Bevor ich aus der Küche wegging, bin ich noch beim Doktor gewesen. Er weiß absolut nicht, was mir fehlt. Er vermutet Heimweh, das sich auf die Gesundheit auswirkt. Sei es, was es ist, es macht mich richtig krank.

DONNERSTAG, 1. FEBRUAR 1945

Es geht mir wieder etwas besser, und ich bin wieder zur Arbeit gegangen. Viel habe ich nicht gegessen. Dazu fühle ich mich noch zu krank. Jedenfalls habe ich den Tag wieder in der Küche verbracht. Zwar noch starke Kopfschmerzen, aber daran gewöhnt man sich. Man gewöhnt sich an alles, auch dass man in Deutschland ist, auch wenn ich lieber zu Hause wäre. Nach Meinung von „man" stehen die Russen 66 km vor Berlin und die Tommys in Dordrecht. Was ist daran wahr?

Viele herzliche Grüße. Flavio (Chefkoch)*

FREITAG, 2. FEBRUAR 1945

War wieder pünktlich in der Küche. Alles wie gehabt. Essen und arbeiten. Der Chefkoch teilte mir mit, dass ich am Montag allein für 2500 Mann kochen muss. Eine Art Probeexamen. Ich höre gerade, dass

---

* Gruß eines italienischen Lagermitinsassen (im Original auf Italienisch verfasst), vermutlich von Flavio Lavetto; siehe Glossar.

hier in der Nähe zwei Frauen aus Rotterdam angekommen sind. Wie sie sagen, gibt es in Rotterdam 500 Gramm Brot und 500 Gramm Kartoffeln pro Woche. Das ist verdammt wenig. Aber das will ich euch sagen, dass ich lieber mit dieser kleinen Ration in Holland wäre als hier mit diesem Essen in Deutschland. Das steht fest. So wie ich denken viele Holländer. Morgen geht die erste Karte an Nico.* Ich habe eine Adresse von einem Italiener (von Flavio, dem Chefkoch). Ein toller Kerl. Komm, ich mache jetzt Schluss. Werde ich die letzte Seite noch in Holland schreiben?

Mit Vergnügen wünsche ich, dass in deinem Leben
alles schön ist. [...] (Andra, der Dicke)**

SAMSTAG, 3. FEBR. 1945

Wieder dasselbe System. Früh anfangen, essen, arbeiten, essen, arbeiten. Essen, spät fertig, ungefähr 15 Minuten bis zur Baracke laufen, waschen, zu Bett. Heute habe ich das Folgende gegessen: Weißbrot mit Butter, Käse und Marmelade. Kaffee mit Milch und Zucker, Kartoffeln mit Sauerkraut und Schweinefleisch, Bratkartoffeln mit Spaghetti und Schinken. Nicht schlecht, oder? [Doch wäre ich lieber mit Hunger in Rotterdam]

Seit 3 Tagen taut es. Es regnet viel, und der Schnee schmilzt schnell. Heute war 4 Mal Fliegeralarm. Laut Radio [...] Bremen*** steht der Russe

* Nicolaas Bazuin, Jans Bruder; siehe Glossar.
** Gruß eines französischen Lagerinsassen, im Original auf Französisch verfasst.
*** „Radio Bremen" existierte zu diesem Zeitpunkt eigentlich noch nicht. Es ist unklar, was hier gemeint sein könnte.

40 km vor Berlin. Immer hört man dieselbe Frage: „Wann ist der Krieg fertig?", und alle behaupten hartnäckig, in 3, spätestens in 4 Monaten (wäre das nur wahr). Ich geh pennen. Adieu.

SONNTAG, 4. FEBRUAR 1945

Heute musste ich um 6 Uhr anfangen. Um 7 Uhr hab ich schon an einem Stück Fleisch geknabbert. 10 Uhr. Kaffee und Brot mit Butter plus eine dicke Scheibe Blutwurst.

12 Uhr wieder Essen. Makkaroni mit Butter und Fleisch. Um 1 Uhr waren wir für heute fertig. Bin am Nachmittag in der Baracke geblieben. Habe kein Geld, viel kann ich also nicht unternehmen. Übrigens, das ist hier ein totes Kaff. Es ist jetzt 9 Uhr und ich liege im Bett. Ich denke, ich werde mal schlafen, der Tag morgen beginnt früh. Gerade wird wieder getauscht in der Baracke. Die Italiener kaufen alles, was noch irgendwie zu gebrauchen ist. Eine gute Wolldecke geht hier für 1½ kg Brot weg. Ein Wintermantel für 25 RM und 2 kg Brot. Eine so gut wie neue Arbeitshose für 20 g Tabak und 3 kg Brot. 1 Paar Arbeitsschuhe für 5 Zigaretten. Ich verstehe das nicht. Man hat doch schon so wenig bei sich.

MONTAG, 5. FEBRUAR 1945

Um 7 Uhr war ich wieder in der Küche. Immer derselbe Trott. Nur einmal ein heftiger Fliegeralarm. Von halb eins bis Viertel vor drei. Verschiedene Flugzeuge haben uns überflogen, auf die mächtig geschossen wurde. Die Flak steht 300 Meter von der Nordseite der Küche und 500 Meter von der Westseite entfernt. Als ich abends zum Lager zurückkam, war dort niemand mehr, und die Tür war verschlossen. Was tun? Inzwischen hatte es auch noch angefangen zu regnen. Dann mal schauen, ob ich in dem Lager der Fabrik unterkommen könnte. Als ich dort ankam, waren die ganzen Jungs aus meinem Lager schon da. Wir sind verlegt worden. Meinen Koffer hatten sie einfach stehen lassen. Der wird jetzt im Auftrag des Lagerführers geholt. Der hat auch gesagt, dass die Kameradschaft unter den Holländern sehr schlecht ist. So, das ist das. Gerade kam die Gruppe zurück, mal sehen, was von mir dabei ist.

DIENSTAG, 6. FEBR. 1945

Der gleiche Trott. Um 7 Uhr morgens anfangen und um 7 Uhr abends fertig. Das Essen ist auch immer noch in Ordnung. Nach Auskunft von „man" sind die Russen in Berlin. Also ich merke noch nichts davon. Aber wenn es wahr ist, hilft das dem Krieg vielleicht ordentlich auf die Sprünge. Gestern früh hat sich ein Holländer (aus Ijsselmonde)* vor den Zug geworfen. Heimweh. Es war einer aus unserem Lager. Ich kann nachempfinden, dass jemand so etwas macht, aber jetzt, wo der Krieg so weit fortgeschritten ist, warte ich noch damit. Aber Spaß beiseite, das ist eine schreckliche Sache. Ich kann mir nicht vorstellen, dass der Junge tot ist. Er lag schräg unter mir. Er war 22 Jahre alt.

* Es handelt sich um Jan Verscheer; siehe Glossar.

MITTWOCH, 7. FEBRUAR 1945

Heute gab es eine Veränderung. Um 7 Uhr war ich wie immer zur Stelle. Alles ging seinen gewohnten Gang. Bis ... um halb zehn plötzlich der Lagerführer in die Küche gestürmt kam. Sofort für 280 Mann Essen fertig machen, Brot, Butter, Wurst, Kaffee und Tee. Es ist ein Zug mit polnischen Flüchtlingen angekommen, und die Leute müssen doch auch essen. Das Essen fertig machen war an sich so schlimm nicht, aber als wäre es die normalste Sache der Welt, musste das andere Essen um halb zwölf fertig sein plus wieder Essen für die 280 Flüchtlinge. Es hieß also anpacken. Ich bin richtig ins Schwitzen gekommen. Am Abend, als wir fertig waren, haben sie mich durch die Mangel gedreht, dass ich einen ganzen Eimer Wasser ausgeschwitzt habe. Glaubst du nicht? Ist aber wahr.

Die Rationen sind herabgesetzt. Sowohl für die Deutschen als auch für die Ausländer. Wenn das so weitergeht, wird das hier ein höllisches Durcheinander. All die Flüchtlinge, die hier ankommen. Die angespannte Stimmung, das Essen, das rasch immer weniger wird, alles zusammen führt hier zu einem Chaos. Aber Chaos oder nicht, ich lege mich jetzt in die Koje, ich schwanke vor Müdigkeit.

DONNERSTAG, 8. FEBRUAR 1945

Heute wieder geschuftet. Schlimm finde ich das nicht, man ist für kurze Zeit mal wieder woanders mit seinen Gedanken. Wenn man nichts zu tun hat, gerät man zu sehr ins Grübeln, und das ist auch nicht gut. Trotzdem würde ich gern mal wissen, wie es in Rotterdam aussieht. Zu Hause, bei Mutter, wie es Annie geht. Bekommen sie noch einigermaßen zu essen da? Das interessiert mich sehr. Wie geht es Annies Vater, ihr

selbst, ihrer Mutter und den anderen im Haus? Wie wird Mutter zu-
rechtkommen? Und Vater immer noch im Bett? Ich denke so oft daran,
und das Traurigste ist, dass man nicht mal schreiben kann. Nun gut, nur
nicht den Kopf hängen lassen und hoffen, dass das Elend bald vorbei
ist. Aber alles in allem habe ich heute wieder gut gegessen. Das Mittagessen bestand aus Bratkartoffeln mit gebratenem Kalbfleisch und Buttersoße. Das ist doch nicht so schlecht, oder? Ich werde jetzt in der
Dunkelheit noch ein bisschen frische Luft schnappen, und dann geht es
zu Bett. Adieu.

FREITAG, 9. FEBRUAR 1945

Sieh an, ich kann jetzt wenigstens wieder anständig schreiben. Ich habe
ein Heft aufgetrieben. Zuerst also der Tagesablauf: 7 Uhr zur Stelle und
den ganzen Tag bis halb sieben abends geschuftet. Zu essen ist inzwischen fast normal geworden.
Jetzt etwas anderes. Heute Nacht ist ein Holländer gestorben, der auf
der Krankenstube lag.* Die ganze Zeit, in der wir hier waren, hat er da
schon gelegen. Er hatte eine schwere Angina. Eine Halskrankheit. Jeden
Tag, seitdem ich in der Küche arbeite, habe ich ihm einen Teller Brei
oder warme Milch gebracht. Gestern Abend hab ich ihm noch Milch
gebracht, und heute Nacht um 2 Uhr ist er gestorben. Heute Nachmittag um halb drei wurde er in den Sarg gelegt und abgeholt. Er wird hier
in Neuaubing begraben. Er ruhe in Frieden. Adieu, Holländer!

* Es handelt sich um Jacobus Verwoerd; siehe Glossar.

SAMSTAG, 10. FEBRUAR 1945

Wenn ich so auf die letzte Woche zurückblicke, habe ich eigentlich keinen Grund zu klagen. Es ist kein Tag vorübergegangen, an dem ich kein Fleisch gegessen habe. Das ist eine Menge wert. Übrigens, das ganze Essen war wirklich prima. Heute war alles wie immer. Um 7 Uhr angefangen und um halb sieben abends fertig. Mittags habe ich Pfannkuchen gegessen. Weil morgen Sonntag ist, muss ich um 6 Uhr anfangen. So schlimm ist das auch wieder nicht, man kann ja sowieso nichts anderes tun.

SONNTAG, 11. FEBRUAR 1945

Es ist halb zwei. Bin gerade mit der Arbeit fertig geworden und habe für den Rest des Tages nichts anderes mehr zu tun, als mich zu waschen, aber das geht erst abends. 6 Stunden war ich dort, wo ich sein musste, und auch wenn ich ziemlich hart ranmusste, das Essen war mal wieder sehr in Ordnung. Morgens zum Kaffee Weißbrot mit Beefsteak, zu Mittag Bratkartoffeln mit Kalbsfleisch. Für abends bekam ich von dem Koch (Flavio) ein Stück Wurst, das ungefähr ½ Pfund wog, und dazu noch einen ordentlichen Kanten Brot. Ich kann also nicht klagen. Butter ist für mich ein alltäglicher Artikel geworden. Die Jungs hier im Lager sagen, dass ich von allen am besten aussehe. Wie sollte es auch anders sein. Na ja, ich denke mir: „Ohne Arbeit kein Lohn", und man weiß schließlich nie, was ich noch erleben werde, bevor ich wieder in Holland bin. Außerdem muss ich damit rechnen, dass Holland, wenn ich wieder hinkomme, auch kein Schlaraffenland sein wird.

MONTAG, 12. FEBRUAR 1945

Was für ein Wetter! Heute Nacht hat es ganz fürchterlich angefangen zu

stürmen und zu regnen. Der Weg, den ich immer zur Küche laufen muss,

ist ein einziger großer Morast. Normalerweise laufe ich in 10 Minuten

hin, aber heute Morgen bin ich 25 Minuten gelaufen.

Den Rest des Tages ist es so geblieben, Sturm und Regen. Hier in Deutschland beginnt es, glaube ich, auch zu stürmen. Das Lager, wo ich arbeite, wird wieder geräumt. Die Franzosen in diesem Lager werden in eine Fabrikhalle verlegt, wo auch unser Lager steht. Für die Franzosen kommen neue Flüchtlinge. Die vorigen 280 Mann, die letzte Woche eingetroffen sind, stammen aus Stettin.* Laut den letzten Nachrichten haben die Russen Berlin von drei Seiten eingeschlossen. Heute habe ich erfahren, dass in den Niederlanden eine Offensive der Amerikaner begonnen hat. Hat sich in Rotterdam schon etwas verändert? Ist es schon „befreit"? Wie mag es zu Hause sein, noch mehr Hunger? Sind sie überhaupt noch am Leben? Wie mag es Annie gehen? Ist sie noch gesund? Oder ist von allem, was mich noch mit Holland verbindet, nichts mehr übrig? All die Fragen sind mir heute im Kopf herumgespukt. Und nicht nur heute ist das so, sondern jeden Tag. Wie lange wird es noch dauern, bis ich mich davon überzeugen kann, ob es wahr ist oder nicht? Man sagt, dass der Krieg noch in diesem Jahr zu Ende sein wird, aber ich kann es mir nicht vorstellen. Ach, nur nicht zu viel grübeln, es ist allmählich Zeit, zu Bett zu gehen. Gute Nacht.

DIENSTAG, 13. FEBRUAR 1945

He, he, das tut gut! Hab mal wieder ein herrlich warmes Bad genommen. Zum zweiten Mal, seitdem ich in Deutschland bin. Ja, heute sind es 5 Wochen, dass wir aus Holland weg sind. Mir kommt es wie eine Ewigkeit vor. Ich habe mich gerade mal wieder mit einem Polen aus

---

* Vermutlich Zwangsarbeiter aus dem Reichsbahnausbesserungswerk Stargard bei Stettin; siehe Glossar.

Stettin unterhalten, wir haben über alles Mögliche gesprochen. Dann habe ich ihm die Frage gestellt, die ich allen Ausländern hier stelle: „Wann, denken Sie, ist der Krieg fertig?" Und wieder dieselbe Antwort: Juni oder Juli, ganz bestimmt. Ich kann es immer noch nicht glauben. Nun ja, wir werden sehen. Die Arbeit war heute wieder wie gehabt. Früh angefangen und spät fertig. Das Wetter ist gut geworden. Heute war ein echter Frühlingstag. Man muss wissen, dass es hier ungefähr zwei Monate früher Sommer wird als in Holland. So, ich rauch jetzt noch eine Zigarette und dann ab ins Bett. An die Glimmstängel komm ich jetzt auch ran, seit ich in der Küche arbeite. Jetzt gute Nacht, bis morgen Abend.

MITTWOCH, 14. FEBRUAR 1945

Heute Nacht um 3 war Fliegeralarm. Alle mussten aus der Fabrik raus. Wir wurden auf die Straße geschickt. Sicherheitshalber habe ich meinen Koffer mitgenommen. Aber zum Glück ist nicht viel passiert. Ein paar Flugzeuge und vereinzelte Schüsse. Um halb 4 bin ich wieder ins Bett gekrochen. Heute musste ich in der Küche schuften wie noch nie zuvor. Um halb 7 war ich schon da und um halb 8 war ich fertig. Morgen werden wieder Kartoffelpuffer gebacken, und die mussten heute vorbereitet werden. Zu allem Überfluss kam um 7 Uhr abends noch ein Lastwagen mit Brot, der entladen werden musste. Na ja, wir gehen mal schnell zu Bett.

DONNERSTAG, 15. FEBRUAR 1945

Heute Nacht wieder zweimal Fliegeralarm. Wir durften jetzt in den Luftschutzkeller. Er liegt unter der Kantine. Natürlich wieder nicht viel geschlafen. Um halb 7 war ich schon wieder in der Küche. Heute war es sehr, sehr harte Arbeit. Zuerst um neun Uhr Suppe. Dann das Mittagessen, und anschließend haben wir zu zweit ungefähr 5000 Kartoffelpuffer gebacken. Damit waren wir bis halb 8 beschäftigt. Irgendwann haben wir zusammen 485 Stück in 25 Minuten gebacken, jeder mit 2 Pfannen. Ich bin jetzt wieder im Fabriklager und denke, dass ich bald zu Bett gehen werde. Man weiß ja nie, ob man heute Nacht wieder rausmuss. Gerade ist die ganze Baracke wieder in heller Aufregung. Zum x-ten Mal ist ein Brot gestohlen worden. Der fragliche Junge hatte seine Brotration in seinen Schrank getan, zwei Minuten später geht er wieder an seinen Schrank, und weg ist sein Brot. Prima Jungs, die Holländer.

FREITAG, 16. FEBRUAR 1945

Halb zwölf vormittags.

Fliegeralarm! Im Radio wird durchgegeben, dass sich Hunderte Flugzeuge aus unterschiedlichen Richtungen nähern. Im Moment ist es beängstigend still. Jetzt warte ich ab, was passieren wird.

Halb zwei. Na also, das haben wir auch überstanden. Die ganze Küche hat gebebt, aber es war zum Glück weiter entfernt.

9 Uhr abends. Heute habe ich erfahren, dass man nach Holland schreiben kann. Habe gerade sofort zwei Karten geschrieben, in der Hoffnung, dass sie ankommen. Für ein Stück Brot hab ich 2 Mark bekommen, dafür habe ich mir von einem Polen die Haare schneiden lassen.

So, dies ist die letzte Seite. Ich glaube, in diesem Heft steht eine ganze

Menge. Ich hoffe, dass ich die letzte Seite meines nächsten Hefts in Holland schreiben kann.

Also bis zur nächsten Seite.

ZWEITES HEFT

„Wenn einer niemals zuvor Angst hatte,

dann lernt er in Deutschland das Fürchten."

17. Februar bis 18. April 1945

SAMSTAG, 17. FEBRUAR 1945

So, jetzt fangen wir mal mit einem neuen Büchlein an. Ich glaube schon, dass dies auch noch hier vollgeschrieben wird. In der Küche ist alles immer noch dasselbe. Essen und arbeiten. In Zukunft werde ich eine Seite pro Tag schreiben. Heute sind hier in der Fabrik zwei Briefe aus Holland angekommen, datiert auf den 14. Januar. Das ist doch immerhin ein Beweis, dass es möglich ist. So, ich geh zu Bett. Bin so müde, wie ein Mensch nur sein kann.

SONNTAG, 18. FEBRUAR 1945

Nun, vor sechs war ich wieder bei der Arbeit. Aber zuerst habe ich mal was gegessen. Brot mit Speckfett, Kaffee mit Ochsenmilch* und Zucker. Mein Mittagsmahl bestand aus geschmortem Kalbsfleisch, Schweinebraten und Bratwurst. Als Dessert hatte ich ein herrliches Glas Münchner Bier und eine Zigarette der Marke ... Chesterfield. Trotzdem könnte ich auf all das verzichten, wenn ich nur wieder in Holland wäre. Heute ist es mir wieder sehr bitter aufgestoßen. Aber man muss, es bleibt einem nichts anderes übrig, als sich durchzuschlagen.

* Wahrscheinlich ironisch gemeint, im Sinne von „keine Milch".

MONTAG, 19. FEBRUAR 1945

Wieder wie gehabt. Früh morgens war ich wieder in der Küche, und spät abends war ich wieder im Lager zurück. Heute Mittag habe ich Spiegeleier mit Schinken gegessen. Als Nachtisch gab es Pfannkuchen. Die Italiener, die hier arbeiten, kriegen alles aus Italien geschickt. Hemden, Schuhe, Reis, Käse und Zucker. Kriegsgefangene sind die schon lange nicht mehr. Das haben sie Mussolini zu verdanken.*

Es ist 9 Uhr. Bettzeit ... zack, das Licht ist ausgegangen. Fliegeralarm. Viertel vor zehn. Es ist wieder ruhig. Jetzt aber wirklich ins Bett.

DIENSTAG, 20. FEBRUAR 1945

Heute musste ich um 6 Uhr anfangen. Wir mussten für 2800 Mann Kartoffeln braten, Suppe kochen, Fleisch braten, Kaffee kochen und Brote schmieren. Das alles mit drei Mann. Aber das Essen hat wieder eine Menge gutgemacht. Schweinefleisch, Bratkartoffeln, Beefsteak und natürlich wieder Kaffee mit Milch und Zucker. Um 1 Uhr wieder Fliegeralarm, halb zwei Entwarnung, Viertel vor zwei Fliegeralarm, zwei Uhr Entwarnung, und jetzt gehe ich schlafen.

MITTWOCH, 21. FEBRUAR 1945

Was für ein Pech! Das Wetter ist umgeschlagen. Heute Nacht hat es angefangen zu schneien. Bis jetzt ist es noch nasser Schnee, aber wenn es hier einmal schneit, hört es normalerweise nicht mehr auf. Die Arbeit war heute wieder wie immer. Ich konnte von einem Holländer ein

---

* Vermutlich Anspielung auf das gescheiterte Bündnis zwischen Hitler und Mussolini und den spezifischen Status der Italiener als „Italienische Militärinternierte"; siehe Glossar zu „Kriegsgefangene" und „Mussolini".

Stück Seife gegen Brot tauschen, jetzt kann ich mich also wieder waschen. „Man" zufolge soll es mit dem Krieg jetzt spannend werden. Es gibt Gerüchte, dass in Berlin der Belagerungszustand verhängt worden ist, aber wahr oder nicht wahr, ich gehe schlafen.

DONNERSTAG, 22. FEBRUAR 1945

Halb zwölf vormittags. Fliegeralarm.

Viertel nach zwölf. Ungefähr 800 Meter entfernt ist eine Bombe gefallen. Viertel nach eins, viele Schüsse. Halb drei Entwarnung.

8 Uhr abends. Gerade ist wieder ein Voralarm. Ich gehe trotzdem zu Bett. Habe bohrende Kopfschmerzen. Ich denke, ich bin ein wenig überarbeitet. Das ist auch kein Wunder in diesen Tagen.

FREITAG, 23. FEBRUAR 1945

Viertel vor zwölf. Fliegeralarm. Viertel vor eins Entwarnung. Nichts passiert. Zwei Uhr, Fliegeralarm. Fünf nach zwei, Entwarnung, nichts gewesen. Zum Glück ist es kurz nach sieben. Der Tag ist auch wieder vorbei. Bin heute nicht so verrückt spät fertig. Die Kopfschmerzen wollen nicht weggehen, also mal wieder früh zu Bett.

SAMSTAG, 24. FEBRUAR 1945

So, die Woche wäre auch geschafft. Es ist jetzt 8 Uhr. Für heute bin ich fertig, ich habe mich gewaschen und kann mich jetzt endlich hinsetzen. Zur Abwechslung hatten wir gestern Abend um 9 Uhr Voralarm, aber weiter ging es zum Glück nicht. Bis jetzt ist es heute ziemlich ruhig gewesen. Man erzählt sich, dass Rotterdam von den Alliierten besetzt worden ist und dass Berlin von den Russen eingeschlossen ist. Aber *wahr oder nicht wahr, ich geh schlafen, morgen muss ich wieder früh*

raus.

SONNTAG, 25. FEBRUAR 1945

Weil Sonntag ist, habe ich heute um halb 6 angefangen. Bis 11 Uhr ging
alles gut. Voralarm. Viertel nach elf Fliegeralarm. Ich bin mit Flavio in
der Küche geblieben, um das Essen und die Feuer zu kontrollieren. Halb
zwölf. Ich blicke gerade aus dem Fenster, in Richtung München, als ...
eine große Flugzeugstaffel auf uns zugeflogen kommt. Als sie ungefähr
über München sind, sehe ich die ersten Bomben fallen. Phosphorbom-
ben! 10, 20, 30, nein 40, zum Schluss konnte ich sie nicht mehr zählen.
Immer wieder neue Formationen tauchten auf. Um zehn vor zwölf
wurde es kurz ruhig, aber um 3 Minuten vor zwölf fing es wieder an.
Jetzt kamen sie näher. Wir hielten es für besser, in den Keller (unter
der Küche) zu gehen. Da haben wir dann eine bange Viertelstunde ver-
bracht. Die Bombenabwürfe kamen immer näher. Plötzlich ging das
Licht aus. Leitungen zerstört oder die Zentrale. Viertel nach zwölf
wurde es ruhig.

Das blieb auch so, bis um zehn vor halb zwei Entwarnung gegeben
wurde. Na also, das haben wir auch überstanden. Durch den Flieger-
alarm war ich erst um 3 Uhr fertig, sonst habe ich sonntags schon um
1 Uhr Schluss. Als ich zur Fabrik lief, konnte ich kaum noch ein Bein vor
das andere setzen, pure Erschöpfung, oder das Ganze war mir doch ein
bisschen in die Glieder gefahren. Unterwegs kamen mir ganze Kolonnen
von Arbeitern entgegen, die auf dem Weg nach München waren. In der
Fabrik bin ich sofort zu Bett gegangen, und jetzt habe ich mich wieder
ein wenig erholt und warte auf den nächsten Fliegeralarm.

MONTAG, 26. FEBRUAR 1945

Gestern Abend war kein Fliegeralarm mehr. Habe mich schlafen gelegt und nichts mehr gehört. Heute war es auch noch ziemlich ruhig. Allerdings hat es den ganzen Tag Voralarm gegeben, aber weiter ging es nicht. In der Küche ist nach wie vor alles beim Alten. Da hab ich den Beinamen „der Fliegende Holländer" bekommen. Hier auf dem Fabrikgelände habe ich seit ein paar Tagen einen „Freund". Eine Katze. Wenn ich aus der Küche komme, nehme ich immer etwas für sie mit. Sie sitzt dann schon da und wartet auf mich.

DIENSTAG, 27. FEBRUAR 1945

Um 6 Uhr war ich schon wieder in der Küche. Heute stehen Bratkartoffeln auf der Menükarte. Das ist sehr viel Arbeit für 2800 Mann. Alles lief gut, bis Viertel vor zwölf, da ging wieder ein Fliegeralarm los. Es waren viele Flugzeuge in der Luft, die unter heftigen Beschuss genommen wurden. Die Bomben haben sie 50 km weiter abgeworfen. Es dauerte bis 2 Uhr, und dann begann es Silberpapier* zu regnen. Es ist jetzt halb neun, und ich bin erst seit einer halben

* Kleine Metallstreifen zur Störung von Radargeräten; siehe Glossar.

Stunde fertig. Gerade habe ich für zwei Zigaretten einen Koffer gekauft.

MITTWOCH, 28. FEBR. 1945

Um 6 Uhr ging ich schon wieder zur Tür hinaus. Halb zehn, Fliegeralarm. Viertel vor zehn war schon wieder Entwarnung, ohne dass was

passiert war. Alles ging wieder seinen gewohnten Gang. Nachmittags bekam ich (zum zweiten Mal, seit ich in Deutschland bin) Tabak! Machorka, russischer Tabak, 20 Gramm. Halb zehn abends. Gerade haben wir wieder einen Fliegeralarm hinter uns. Jetzt herrscht Ruhe, also schnell ins Bett.

DONNERSTAG, 1. MÄRZ 1945

Gestern Abend um 20 vor zwölf Fliegeralarm. Hopp, raus aus dem Bett! Man schläft ja sowieso schon viel zu viel. Viertel nach zwölf Entwarnung, also schnell wieder ins Bett. Halb sieben schon wieder in der Küche. Viertel vor eins Fliegeralarm bis halb drei. Die Bomben sind wieder 50 km entfernt gefallen. Es ist jetzt Viertel vor acht, ich bin fertig und gewaschen, also schnell ins Bett (in der Hoffnung, dass es keinen Fliegeralarm gibt).

FREITAG, 2. MÄRZ 1945

Nun, alles ging wieder gut bis Viertel vor eins, dann bekamen wir unsere tägliche Portion Fliegeralarm ab. Der dauerte bis 2 Uhr. Ansonsten verlief alles normal. Ich liege jetzt im Bett und schreibe und werde so bald wie möglich schlafen. Nach einem Bericht, den ich gestern Abend gehört habe, ist der Krieg in 4 Monaten ganz sicher vorbei. Das wird auch Zeit, denn nirgendwo ist es doch so schön wie zu Hause.

SAMSTAG, 3. MÄRZ 1945

Heute Morgen um halb sieben habe ich ein herrliches Duschbad genommen. Als ich um 7 Uhr in der Küche erschien, wurde mir gesagt, dass ich ab heute in die Fabrikküche versetzt worden sei. Die Küche steht auf dem Fabrikgelände, also in der Nähe meiner Baracke. Was die Arbeit betrifft, so kann ich noch nicht viel sagen. Montag werde ich allein kochen, für die Holländer, Italiener und Franzosen. Zumindest ist das Material besser. Gerade habe ich wieder 30 Gramm Tabak bekommen, für 1 RM. Hurra, ich kann wieder rauchen!

SONNTAG, 4. MÄRZ 1945

So, heute Morgen habe ich mich um 7 Uhr in der neuen Küche präsentiert. Viertel vor zehn Fliegeralarm. Die Bomben fielen 25 km entfernt. Viertel nach elf war wieder Entwarnung. Mein Mittagsmahl bestand aus ... _REIS_ mit Kalbfleisch. Um halb drei war ich fertig. Zum Abendessen bekam ich Brot, beste Butter und Streichwurst. Heute Nachmittag habe ich eine Weile geschlafen, und in einer halben Stunde gehe ich wieder ins Bett.

MONTAG, 5. MÄRZ 1945

Seit drei Tagen ist es wieder Winter. Es schneit unaufhörlich. Zum Glück muss ich nicht mehr zu der anderen Küche laufen. Das ist aber auch die einzige Verbesserung. Von dem Rest bin ich ziemlich enttäuscht in der Küche. Meine Arbeit ist eine andere, und von den Leuten, mit denen ich umgehen muss, sind 9 von 10 nationalsozialistisch. Also vorsichtig sein. Nun ja, die Situation in Deutschland ist ziemlich kritisch, vielleicht ist jetzt so allmählich ein Ende in Sicht.

DIENSTAG, 6. MÄRZ 1945

Heute Nacht haben wir noch eine halbe Stunde Fliegeralarm gehabt. Als ich heute Morgen in die Küche kam, wurde mir gesagt, dass ich dort nicht mehr arbeiten kann. Das ist so. In dieser Küche geht alles mit Dampf und Strom, also alles ist im Nu geschehen. Es ist zweimal schneller fertig als mit Feuer. Kurz gesagt, ich wurde da nicht gebraucht und konnte mich verziehen. Nun ja, das ist ein Riesenpech.

MITTWOCH, 7. MÄRZ 1945

Heute Morgen war meine erste Tat der Gang in die Lagerküche, um zu sehen, ob ich wieder dahin zurückkonnte. Viel Hoffnung habe ich nicht, aber die Sicherheit von Ja oder Nein habe ich noch nicht. Habe mein erstes Geld bekommen, 50 RM (Vorschuss). Meine Arbeit bestand heute aus Folgendem: in einem gigantischen Schneesturm einen Müllberg wegräumen. Den ganzen Tag hat es wieder heftig geschneit, das ist also auch wieder Pech. Morgen gehen 30 Holländer von hier nach Regensburg.

DONNERSTAG, 8. MÄRZ 1945

Halb sechs Uhr morgens. Als wir wach werden, stehen zwei Soldaten mit Knarren über der Schulter vor der Tür. Niemand darf raus. Bei den Polen und Italienern genauso. Was hat das zu bedeuten? Einfach ruhig abwarten. Halb neun. Es ist wieder vorbei. Alles ist wieder freigegeben. Was genau los war, weiß niemand. Also wieder an die Arbeit und wieder Müllmann spielen. Es schneit jetzt schon 36 Stunden ohne Unterbrechung. Hab heute wieder an Nico geschrieben. Von ihm immer noch nichts gehört.

FREITAG, 9. MÄRZ 1945

So, es schneit nicht mehr. Es hat jetzt 54 Stunden ohne Pause geschneit. Heute Morgen habe ich wieder Müllmann gespielt. Halb zwölf Fliegeralarm. Viertel vor eins Entwarnung. Das Essen hier im Lager ist, was die Qualität angeht, nicht schlecht, aber die Menge lässt doch sehr zu wünschen übrig.

Brot bekommen wir 1 kg für 4 Tage, morgens um 6 Uhr Kaffee. 9 Uhr

Suppe. 12 Uhr Suppe, 6 Uhr Suppe. [Doch möchte ich gerne tauschen mit der Ration in Holland, wenn ich nur wieder in Rotterdam sein könnte.]

SAMSTAG, 10. MÄRZ 1945

Heute habe ich nicht gearbeitet. Aber für mich selbst habe ich eine Menge getan. Zuerst habe ich gewaschen, 2 Oberhemden, eine Unterhose und sechs Taschentücher. Danach habe ich mein Bett sauber gemacht, die Decken ausgeklopft und alles abgestaubt. Das Essen war heute unter aller Kanone. Morgens und mittags ging es einigermaßen, aber abends kriegten wir gar nichts. Es ist jetzt neun Uhr, ich gehe mal schlafen. Heute 4 Mal Voralarm.

SONNTAG, 11. MÄRZ 1945

Gestern Abend ist ein guter Bekannter von mir aus Rotterdam zu uns ins Lager zu Besuch gekommen. Zusammen sind wir heute Morgen ein ganzes Stück im Wald spazieren gegangen. Heute Nachmittag waren wir zusammen im Kino und jetzt sitze ich mit ihm in einer Wirtschaft, einen Maßkrug vor mir. Gleich laufen wir zur Fabrik zurück. Davon sind wir jetzt eine Dreiviertelstunde entfernt. Im Lager haben wir heute nur ein Mal zu essen bekommen. Viel, oder?

MONTAG, 12. MÄRZ 1945

Heute Morgen wurde ich in einen Arbeitsanzug gesteckt und konnte arbeiten gehen. Aber was? Chlorkalk* sieben! Ein Mist ist das! Man kann sich noch so gut waschen, man stinkt immer noch nach Chlorkalk.

* Vermutlich als Desinfektionsmittel verwendet; siehe Glossar.

Für mich hat es aber auch sein Gutes, denn es ist ein probates Mittel gegen Läuse, und davon gibt es hier nicht gerade wenig. Zum Glück hatte ich noch keine. Habe heute Abend wieder ein Bad genommen, also was das angeht, ist es nicht meine Schuld, wenn ich welche kriege.

DIENSTAG, 13. MÄRZ 1945

Heute Morgen um 7 Uhr haben wir uns zu acht auf den Weg gemacht, um unsere Pässe abzuholen. Nach viel Fragerei, Schreibkram und Geschwätz hatten wir um halb drei heute Nachmittag endlich unsere

Pässe. Um das Maß vollzumachen, gab es noch zwei Mal Fliegeralarm. Weil wir so lange unterwegs gewesen waren, hatten sie uns beim Essen glatt vergessen. So bekamen wir erst um halb sechs abends etwas. Um halb acht war wieder Voralarm, aber dabei blieb es auch.

MITTWOCH, 14. MÄRZ 1945

Heute Morgen durfte ich mit dem Chlorkalk weitermachen. Schön ist diese Arbeit nicht, aber sie hat auch ihre gute Seite. Das Wetter ist in den letzten Tagen wieder recht gut geworden. Es liegt kaum noch Schnee, und die Sonne scheint den ganzen Tag. He, ich würde jetzt gerne eine Zigarette rauchen. Mal sehen, ob ich nicht eine organisieren kann. Halb zehn, Fliegeralarm. Viertel nach zehn, Entwarnung.

DONNERSTAG, 15. MÄRZ 1945

Wieder mit dem Chlorkalk beschäftigt gewesen. Das Wetter war heute herrlich. Den ganzen Tag Sonne. Auch noch 4 x Voralarm. Heute Nachmittag traf ich einen Bekannten aus Rotterdam. Das ist schon irgendwie komisch. Heute Abend hörte ich einen Bericht, der mich verwirrt hat. In Rotterdam soll eine schlimme Hungersnot herrschen. Wie werden sie bei uns zu Hause da wohl durchkommen? [Und Annie, wie wird es Annie wohl gehen?] Das ist eine Frage, die mich wirklich beunruhigt.

FREITAG, 16. MÄRZ 1945

Nun, ich habe nichts Besonderes zu berichten. Das Wetter war heute wieder herrlich. Mit dem Essen ist es immer noch dasselbe. Es ist gut, aber wenig. Ich würde am liebsten wieder auf der Stelle nach Holland

zurückgehen. Trotz des Hungers, der da herrscht. Der eigene Herd ist
Goldes wert.

Ob Osten oder Westen, zu Haus ist es am besten.

In Zukunft werde ich einen Wochenbericht schreiben, Montag fange ich
damit an.

SAMSTAG, 17. MÄRZ 1945

[...] Angelo Giuseppe Largo Pozzelle, Lecce, [...]

Dies ist wieder ein Stückchen auf Italienisch von einem meiner italieni-
schen Kameraden. Der heutige Tag ist wieder ganz normal verlaufen.
Heute Abend gab es: 100 Gramm Käse, 10 Gramm Butter, 150 Gramm
Marmelade und 1 Kilo Brot für 4 Tage. Und was noch?... 50 Gramm
Tabak! Ich kann also wieder rauchen. Es ist 10 Uhr, gleich wird das Licht
ausgehen, und ich werde schlafen. Penn schön.

SONNTAG, 18. MÄRZ

Bah, was für ein Tag. Schlechtes Wetter und viel schlechte Laune. Heute
Nachmittag im Kino gewesen. „Damals" mit Zarah Leander. Als ich zu-
rückkam, stand die ganze Bude kopf. Es war mal wieder etwas gestoh-
len worden. Aus einem Schrank: 4 Portionen Wurst und 1 Kilo Brot. Aus
zwei anderen Schränken jeweils ein Pfund Brot. Und während der Wo-
che: ein Mantel, Regenjacke, 2 Hosen, 1 Paar Schuhe und ein Pullunder
und ein Krug Marmelade. Das hat man nun den eigenen Kameraden zu
verdanken. Nein, der Holländer enttäuscht mich sehr.

VON MONTAG, 19. MÄRZ, BIS SONNTAG, 25. MÄRZ 1945

Montag, 19. März. Halb zwölf Fliegeralarm. Erst halb vier Entwarnung. Bei uns keine Bomben, wohl aber etwa 30 km weiter. Das Essen war wie gehabt. Gut, aber wenig. Vielleicht gibt es in Holland gar nichts, ich will also nicht klagen.

Dienstag, 20. März. Alles verläuft normal. Das Mittagessen besteht aus Brei mit Johannisbeersaft, aber so wenig! Mittwoch, 21. März. Seit letztem Mittwoch bin ich im Dienst der Feuerwehr. Muss bei den Pumpen Pfähle einrammen. 11 Uhr Fliegeralarm. Zehn vor halb drei Entwarnung. Nichts Besonderes passiert. Wir bekamen heute 250 Gramm Waschpulver, ein Stück Seife und einen Beutel Shampoo für 60 Pfennig. Das kann ich

104

gut gebrauchen. Donnerstag, 22. März. Alles geht seinen gewohnten Gang. Von halb eins bis Viertel vor 1 wieder Fliegeralarm. Freitag, 23. März. Wieder alles das Gleiche. Von eins bis zehn nach eins Fliegeralarm. Ansonsten vergeht die Zeit nur langsam. Samstag, 24. März. Das Wetter ist in den letzten Tagen herrlich. Die Sonne scheint ganze Tage. Auch heute. Meine Arbeit bestand darin, eine Sägestelle zu reinigen. Es war heute so warm, dass ich mit nacktem Oberkörper gearbeitet habe. Heute Nachmittag musste auch noch gearbeitet werden. Von 11 Uhr bis halb zwei Fliegeralarm. München wurde mal wieder bombardiert. In der Fabrik sind 50 Franzosen dazugekommen. Ich finde, dass sie uns dann auch mal nach Hause schicken sollten. Das Ganze hängt mir dermaßen zum Hals heraus. Sonntag, 25. März. Heute war wieder herrliches Wetter. Am Abend bin ich kurz ins Dorf gelaufen, aber sonst habe ich das Gelände den ganzen Tag nicht verlassen. Zu essen gab es heute Kartoffeln mit Essig und eine Pell-kartoffel. Zum Abendessen bekamen wir 20 Gramm Käse und 10 Gramm Butter. Als ich abends mein letztes Stück Brot aufessen wollte, war das nicht mehr nötig. Das hatte schon ein anderer für mich getan. Toll, was? So geht das hier jeden Tag. Stehlen ist bei einigen Leuten zur täglichen Gewohnheit geworden. Das nennt man wohl Kameradschaft.

MONTAG, 26. MÄRZ 1945

Alles verlief wieder in dem alten langsamen Trott. Zu Mittag gab es um halb zwölf eine „Hühnersuppe" mit einem Brötchen. Abends wieder die schon altbekannte Kartoffelsuppe. Um 5 Uhr mussten alle antreten. Was ist los? Nach vielen Nörgeleien und Gerede wurden die unterschiedlichen Ausländergruppen unter Bewachung in ihr Lager gebracht. Auch wir mussten wieder in unser Lager zurück und ... Lagersperre.

Niemand raus! Was das zu bedeuten hat, weiß niemand. Allerdings ist allgemein bekannt, dass die Situation im Inland jeden Tag schlechter wird. An den Fronten wird erbittert gekämpft. Das muss meiner Meinung nach der Anfang vom Ende sein. Also abwarten.

DIENSTAG, 27. MÄRZ 1945

Ich glaube, dass mal wieder nichts dabei herausgekommen ist. Heute Morgen war alles wieder ruhig, und jeder ging wie gewohnt an die Arbeit. Nachmittags hatte ich mal wieder richtig Glück. Ich arbeite ganz hinten auf dem Gelände. Da gab es im Winter eine Kartoffelgrube. Ich fing sofort an zu kratzen und ja, ich habe doch sicher 6 bis 7 Kilo herausholen können. Hurra! Jetzt kann ich wieder kochen!
Und erneut „Lagersperre". Habe heute Abend Inventur gemacht. Seitdem ich in Deutschland bin, habe ich gekauft: 1 Paar Schuhe, 2 Paar Socken, 1 Krawatte, 1 Krawattennadel (Bernstein), eine Arbeitsjacke, ein Feuerzeug, eine Brieftasche, ein Taschenmesser, 3 Mundharmonikas, 1 Koffer, 1 Taschenfotoalbum, eine Unterhose. Gefunden: einen prima Füllfederhalter.

MITTWOCH, 28. MÄRZ 1945

Das Wetter ist plötzlich umgeschlagen. Es hat zu regnen begonnen, und es geht ein kräftiger Wind. Zur Politik Folgendes: Heute Morgen um 5 Minuten vor neun begann die Sirene in einem lang anhaltenden Ton zu heulen. Das ging bis neun Uhr. Glaubt man den Gerüchten, dann sind in Bayern Fallschirmjäger gelandet, und dann wird sofort der Volkssturm aufgerufen. Und außerdem soll der Amerikaner ungefähr 200 km vor München stehen. Die Deutschen bekommen ab April

1700 Gramm Brot für drei Wochen. Die Lagersperre wurde heute Abend aufgehoben.

DONNERSTAG, 29. MÄRZ 1945

Und immer noch Regen. Wenn es hier mal regnet, dann geht es die nächsten Stunden so weiter. Heute wurde mal wieder Brot gestohlen. Die Ausgemusterten (6 Mann) können morgen endlich nach Hause. Ich habe es hingekriegt, dass einer der Jungs einen Brief von mir mitnimmt. Hoffen wir mal, dass der Brief ankommt, dann haben es die Jungs zumindest auch bis nach Hause geschafft. Wie gern würde ich mit ihnen gehen. Ich sehne mich immer mehr nach Zuhause. Den einen Tag denke ich, dass es nicht mehr allzu lange dauern wird, aber am nächsten Tag sehe ich keinen Ausweg mehr. Hunderte von Gerüchten hört man an einem Tag. Wenn die Hälfte davon ein bisschen Wahrheit enthält, dann ist der Krieg nächste Woche vorbei. Im Augenblick wird schon wieder vom 25. April geredet, dann soll, wie „man" sagt, ein Kongress stattfinden, und das würde Frieden heißen. Alles nur dummes Gerede. Vorhin hat einer der sechs Männer entdeckt, dass seine Lebensmittelkarte, die er für die Fahrt erhalten hat, gestohlen wurde! Ist das etwa Kameradschaft? Bah, ja, so sind sie, die Holländer.

FREITAG, 30. MÄRZ 1945

Heute ist Karfreitag, aber ich habe nicht viel davon gemerkt. Wir mussten alle arbeiten. Die 6 Jungs, die nach Hause fahren sollten, gehen erst in 12 Tagen. Die Papiere wurden nach Berlin geschickt. Ich habe zum ersten Mal, seitdem ich in Deutschland bin, auf einem Fahrrad gesessen. Am Abend haben wir zu viert einen Holländer in das Krankenrevier

gebracht. Todkrank war der Mann. Das Schlimmste dabei war, dass wir die Trage eine Viertelstunde durch die Gegend schleppen mussten, bevor wir ihn abliefern konnten. Wenn ich meine Meinung sagen darf, dann glaube ich nicht, dass er es schaffen wird. Welche Krankheit er genau hat, weiß ich nicht, aber es geht ihm von Stunde zu Stunde schlechter.

SAMSTAG, 31. MÄRZ 1945

Noch immer regnet es. Die letzten Tage fahre ich mit einem Elektrofahrzeug herum. Das macht richtig Spaß. Heute war ich mit einem solchen Wagen in der Stadt. Von 11 Uhr bis halb eins Fliegeralarm. Mittags gab es wieder Tabak! Wir können also wieder rauchen. Auch bekamen wir erneut 1 kg Brot für 4 Tage. Ich dachte, ich hätte es an einem sicheren Ort versteckt, aber eine Stunde später stellte sich heraus, dass das nicht so war. Es war mal wieder gestohlen worden. Kameradschaft?

Nein, dieses Wort kennen die Holländer nicht. Abends war ich im Kino. Das konnte ich machen, denn ich hatte wieder Geld vom RAW bekommen. 49 RM und 5 Pf. Der Film war großartig. Ein Farbfilm mit Kristina Söderbaum, „Opfergang". Weil morgen Ostern ist, müssen wir morgen Nachmittag arbeiten.

SONNTAG, 1. APRIL / 1. OSTERTAG

Heute Morgen bin ich schon früh bei schönem Wetter aus der Baracke spaziert, und um halb acht saß ich schon im Zug auf dem Weg nach Germering. Ich hab mir in dem Bauerndorf mal angeschaut, wie man in Bayern Ostern feiert. War interessant, und zu essen gab es auch noch. Das wurde mir einfach auf den Weg mitgegeben, Weißbrot, Kuchen, ein <u>Ei</u>, Kaninchenfleisch, Hühnersuppe, Roggenbrot und Kaffee. Mittags wartete im Lager eine herrliche Mahlzeit auf mich. Kartoffeln, Bratensoße und Fleisch. Zu Abend bekamen wir Butter und … ein*

Ohh, wie gut sie doch zu uns sind!
Um halb zwei antreten, arbeiten.
In einem Dorf, das 2 km entfernt liegt, Laufgräben anlegen. Um halb sechs war das schon fertig. Geh jetzt bald zu Bett, es ist schon 9 Uhr.

MONTAG, 2. APRIL 1945 / 2. OSTERTAG

Als ich heute Morgen zu meinem Koffer ging, der im Luftschutzkeller steht, fand ich ihn aufgebrochen. Einer der Herren hatte mich bestohlen. Ein Paar neue Socken und eine Unterhose. Das ist prima! Die Hol-

---

* Hier ist im Tagebuch ein Ei gezeichnet.

länder klauen hier ganz schön. Ich hab es gemeldet, aber sie können
nichts machen.

Bei herrlichem Wetter habe ich mich wieder in den Zug gesetzt. Dieses
Mal nach Herrsching, 40 km weiter. Ich war da mitten in den Bergen.
Das war, in einem Wort, wunderschön. Essen habe ich bei einem Bauern
aufgetrieben. Ich wurde noch von der Polizei angehalten, aber die habe
ich mit einer Lüge abgewimmelt. Ich gehe jetzt schlafen. Morgen arbeite ich wieder, und dann heißt es früh aufstehen.

DIENSTAG, 3. APRIL 1945

Ich habe schon wieder einen anderen Beruf. Sie haben mich jetzt zum
Vormann von einer Gruppe von 4 Jungs katapultiert. Zu viert müssen
wir in Freiham eine Baracke bauen. Das ist ein Dorf 3 km weiter. Dahin

müssen wir mit dem Zug fahren. Die Baracke wird hinter einer Schuh-fabrik stehen. Vielleicht kann ich noch ein Paar Schuhe auftreiben.

MITTWOCH, 4. APRIL 1945

Heute habe ich als Maurer gearbeitet. Das Essen wird mit einem Wagen gebracht. Wir sind zu fünft, bekommen aber Essen für zehn Mann. Umso besser!!

Mittags kam ein Sack mit Schuhen aus der Fabrik. „Sucht euch welche aus!" Nun, ich habe mir drei Paar ausgesucht, mit neuen Sohlen und Absätzen! Vielleicht werden noch ein Paar nagelneue für mich gemacht.

In der Baracke hatten wir heute Abend „Läuseinspektion". Bevor ich kontrolliert wurde, habe ich mich zum x-ten Mal abgesucht. Hab einige gefunden, aber bei der Inspektion hatte ich keine einzige mehr.

DONNERSTAG, 5. APRIL 1945

Heute Morgen sind wir wieder mit dem Zug nach Freiham gefahren. Zwischen halb zehn und elf Uhr zwei Mal Fliegeralarm. Um zwölf wurde das Essen gebracht. Es gab 15 Liter Suppe für fünf Leute. Vom Chef bekam jeder 250 Gramm Brot. Ich kann also mal wieder nicht meckern. Die Lage hier in Deutschland wird von Tag zu Tag angespannter. Wie die Abend-Zeitung berichtet, sind die Amerikaner bei Nürnberg und Karls-ruhe und die Russen schon an Wien vorbei. Wir kommen also voran. Ich würde gern wissen, wie es meinem Bruder geht, wie man sagt, ist Kas-sel auch gefallen.

FREITAG, 6. APRIL 1945

Den ganzen Tag Regen. Um 11 Uhr Fliegeralarm, halb zwölf Entwarnung.
Politisch wenig Neues.

SAMSTAG, 7. APRIL 1945

Und immer noch Regen. Maurerarbeiten fallen kaum an. Immerhin, das
Essen ist gut, ich kann mich also nicht beschweren. „Man" zufolge ste-
hen die Amerikaner 90 km von hier entfernt. Heute Abend war ich im
Kino. Ein toller Film. „Ich liebe dich und kenn dich nicht". Einfach groß-
artig. Ach ja, es gab noch eine Viertelstunde Fliegeralarm.

SONNTAG, 8. APRIL 1945

Heute Nacht war von halb zwölf bis zwölf Uhr Fliegeralarm. Als ich
heute Morgen aufstand, war wunderbares Wetter. Also habe ich mich in
den Zug gesetzt und fuhr „spatsieren". Heute ging es Richtung Olching.
Ich hab den ganzen Tag gegessen. Mal hier, mal da. Als ich wieder zu-
rückging, drängten sich auf allen Bahnhöfen Scharen von Flüchtlingen.
Insgesamt gab es heute 7 x Voralarm und 4 x Fliegeralarm. Die Deut-
schen sagen noch immer: „Zwei Wochen. Krieg vorbei."

MONTAG, 9. APRIL 1945

Das Wetter war herrlich. Alles lief
wieder gut. Es begann mit 4 x Vor-
alarm, aber um halb fünf passierte
etwas. Fliegeralarm. Eine Viertel-
stunde war es ruhig, aber dann fing
es an. Wir standen zu fünft in Frei-

ham und schauten in Richtung München. Da fielen die ersten Bomben. Große Rauchsäulen stiegen auf. Hunderte von Flugzeugen kamen von allen Seiten an. Dann ging es erst richtig los. Wir standen sozusagen in einem Kreis, und um uns herum fielen die Bomben, Phosphor- und Brandbomben.

An sieben verschiedenen Stellen brach die Hölle los. Wir konnten einander nicht mehr verstehen bei all dem Gedröhn. Und mittendurch waren feindliche Jagdflieger unterwegs, die alles, was nur irgendwie nach

Wehrmacht aussah, unter Beschuss nahmen. Drei Flugzeuge habe ich abstürzen sehen. Aus einem der drei kamen sechs Fallschirmspringer zum Vorschein. Das Ganze dauerte bis halb sieben. Bei so was, da muss ein Mensch doch verrückt werden! Als wir zur Baracke gingen, kamen uns ganze Rudel Hirsche entgegen, die der Lärm in die Flucht getrieben hatte.

Es ist jetzt Abend, und der Horizont ist schwarz von Rauch, wohin ich auch schaue. Ich werde versuchen zu schlafen, das ist bitter nötig. Penn man schön.

DIENSTAG, 10. APRIL 1945

Dieser Tag ist ruhig und mit schönem Wetter verlaufen. Ab heute bekommen wir um 9 Uhr keine Suppe mehr, und die Brotration ist auf 150 Gramm pro Tag herabgesetzt worden.

MITTWOCH, 11. APRIL 1945

Der Tag beginnt mit schönem Wetter. Schon um 7 Uhr hatten wir Voralarm. Halb eins gab es Fliegeralarm. Da kamen Dutzende von Bombern angeflogen, die ihre Ladung über meinem Kopf verstreuten. Es wurde die Hölle auf Erden. Mir fiel nichts anderes ein, als in den Wald zu flüchten. Wenn ich wieder ein Bombergeschwader näher kommen hörte, habe ich mich einfach auf den Boden geworfen. Am nächsten schlug eine Bombe 78 Meter von mir entfernt ein. (Das habe ich später nachgemessen.) Wenn einer niemals zuvor Angst hatte, dann lernt er in Deutschland das Fürchten. Das Bombardement hielt fast eine Stunde an. Als das Bombardieren so gut wie vorbei war, setzte ein Scherbenregen ein, der ungefähr 5 Minuten dauerte. Das alles ohne Deckung in einem Wald. Die ganze Zeit über hatte ich einen sechzehnjährigen Holländer bei mir, der sich wie ein Mann verhalten hat. Als endlich Ruhe eingekehrt war, wagten wir es, aus dem Wald herauszugehen. Da sahen wir das Resultat der Bomben. Dutzende Häuser lagen in Schutt und Asche, und auf der anderen Seite des Waldes stand ein Güterzug mit Benzin in Flammen. Der Chef schickte uns in die Baracke. Für heute hatten wir genug mitgemacht.

DONNERSTAG, 12. APRIL 1945

Heute Nacht war wieder Fliegeralarm. Auch das ist zu einer Regelmä-ßigkeit geworden. Meistens geschieht das so gegen zwölf. Der Tag ging wieder mit 2 x Fliegeralarm und schlechtem Wetter vorüber. Ich sitze jetzt wieder im Luftschutzkeller, es ist zwölf Uhr, Fliegeralarm. Dabei hatte ich gerade so gut geschlafen. Und jetzt muss ich wieder mit mei-nem Koffer in den Keller. Nur nicht den Mut verlieren.

FREITAG, 13. APRIL 1945

Dieser Tag ist mit schlechtem Wetter ohne Fliegeralarm vorübergegan-gen. Den ganzen Tag Regen und Kälte. Von Arbeiten konnte kaum die Rede sein.

SAMSTAG, 14. APRIL 1945

Gestern Abend ist mein Kamerad aus Penzberg angekommen. Heute Nachmittag geht er wieder zurück. Wir haben beschlossen, dass ich ihn begleite und bis Sonntagabend bei ihm bleibe. Halb eins Fliegeralarm bis ein Uhr. Um 4 Uhr sind wir aufgebrochen. Es ist eine Fahrt von etwa 70 km. Gegen sieben kamen wir in Penzberg an. Die Umgebung dort ist beeindruckend. Sobald wir im Lager ankamen, konnte ich etwas essen. Das gibt es dort im Überfluss. Erst um zwölf Uhr gingen wir zu Bett.

SONNTAG, 15. APRIL 1945

Heute ist das Wetter herrlich. Den Vormittag haben wir in der Baracke verbracht. Nach dem Essen (das ich nicht einmal ganz geschafft habe) haben wir eine Wanderung gemacht. Ich habe am Fuß einer ganzen Gruppe von Bergen gestanden, von denen der höchste 1800 Meter hoch

ist. Es ist in einem Wort einfach prachtvoll da. Als ich mich abends auf den Rückweg machte, hatte ich zwei Flaschen mit Essen bei mir. Dieser Tag ist also wieder gut für mich verlaufen. Ach ja, wir hatten noch Fliegeralarm, aber davon merkt man dort nichts. Abends halb zehn Fliegeralarm, Viertel nach zehn war wieder Ruhe.

MONTAG, 16. APRIL 1945

Bei schönem Wetter sind wir nach Freiham gefahren, um zu arbeiten. Bis halb drei ging alles gut. Dann Fliegeralarm. „Tieffflieger". Oh ja, da kamen sie. Bis 4 Uhr haben sie gewütet. Danach war es ruhig.

Was die allgemeine Lage angeht, so kann es meiner Meinung nach keinen Monat mehr dauern. Die Engländer und Russen fliegen und fahren von allen Seiten hinein nach Deutschland. Ist jetzt endlich das Ende in Sicht? Nun ja, jedenfalls haben wir vorläufig wieder Tabak.

DIENSTAG, 17. APRIL 1945

Prachtvolles Wetter. Kein Fliegeralarm, aber trotzdem waren den ganzen Tag über Tommys in der Luft. Das Essen wird allmählich weniger. Sechs Tage mit 1 kg Brot, und heute Abend haben sie uns überhaupt nichts zu essen gegeben. Das kommt durch all die deutschen Flücht-

linge. Ach ja, heute Nacht war noch eine halbe Stunde lang Flieger-alarm. Ich denke, dass es in der kommenden Nacht auch wieder losge-hen wird, also früh zu Bett.

MITTWOCH, 18. APRIL 1945

Das Wetter ist ein wenig schlechter geworden. Es ist viel Wind aufge-kommen. Von zehn nach zwölf bis Viertel vor vier Fliegeralarm. Viele Flugzeuge am Himmel, aber zum Glück keine Bomben. In der letzten Nacht 20 Minuten lang Fliegeralarm. Das Essen war heute Abend mal wieder unter aller Kanone. Eine dünne Schnitte Brot mit Stinkekäse. Sieh an, dieses Heft ist auch schon wieder voll. Ich hatte gehofft, die letzte Seite zu Hause schreiben zu können.

DRITTES HEFT

„Ich haue ab."

19. bis 22. April 1945

DONNERSTAG, 19. APRIL 1945, NEUAUBING (MÜNCHEN), DEUTSCHLAND

Heute ist wieder ein schrecklicher Tag gewesen. Bis halb zwölf ging alles gut, dann kam Fliegeralarm. Fünf Minuten später fielen die Bomben. Zum Glück dauerte es nicht so lange. Weil die Bomben so schnell fielen und wir gerade unser Essen holen mussten, sind wir nicht in den Wald gelaufen, sondern bei einem Bauern im Keller untergekrochen. Die Bomben fielen wieder abscheulich nah, etwa 100 Meter entfernt. Wären wir in den Wald gelaufen, wären wir jetzt nicht mehr am Leben. Denn genau dort, wo die Bomben fielen, wären wir dann gewesen. Meine Zeit ist also noch nicht gekommen. Gestern Abend spät, etwa gegen elf Uhr, gab es auch noch Fliegeralarm. Als ich heute Morgen zur Fabrik kam, hatten sie da auch ein paar Murmeln abgeworfen. Wenn das noch lange so weitergeht, kommen wir alle als Nervenkranke nach Hause.

FREITAG, 20. APRIL 1945

Auch dies war wieder ein Tag voller Emotionen. Um 7 Uhr wurden wir von „Tieffliegern" beschossen. Das dauerte bis gegen neun Uhr. Danach war es für eine halbe Stunde ruhig, dann fing es wieder mit 2 x Flieger-

alarm an. Nachmittags war Ruhe. Abends auch noch einmal Fliegeralarm. In der Baracke bekamen wir zum Abendessen wieder Stinkekäse.
Abends um 11 Uhr Fliegeralarm bis halb zwölf. Eine Stunde später war
wieder Fliegeralarm.

SAMSTAG, 21. APRIL 1945

Gegen sieben waren wir erneut unter Beschuss. Das wird mir jetzt doch
zu viel. Ich haue ab. Schlechtes Essen und jede Minute den Tod vor
Augen, das macht einen Menschen kaputt. Ich habe meine ganzen Sa-
chen in einen Beutel gestopft und den Koffer für 30 RM verkauft. Nachdem der Chef in Freiham gewesen war, dem ich 10 RM Vorschuss abge-
schwatzt hatte, haben wir uns um elf zu zweit auf unsere „Reise"
begeben. Wir haben vor, zu den Amerikanern zu gehen und dann gleich
nach Hause. Mein Mitflüchtling ist ein 19-jähriger Junge, er heißt Arie
Westdorp. Zu Fuß und mit dem Zug waren wir bis halb fünf am nächs-

ten Morgen unterwegs. Da hatten wir eine Strecke von 100 km zurück-
gelegt. Geschlafen haben wir gar nicht.

SONNTAG, 22. APRIL 1945

Halb acht abends. Glaubt es oder glaubt es nicht, aber ich bin jetzt auf
amerikanischem Gebiet. Das kam so. Am Morgen sind wir noch einige
Dutzend Kilometer gelaufen, und dann hat uns ein deutsches Auto mit-
genommen, das an die Front fuhr. Das Schießen wurde immer schärfer.
Bis wir nicht mehr weiterkonnten. Die Amerikaner waren 4 Kilometer
von uns entfernt. Das Dorf, in dem wir gelandet waren, war so gut wie

ausgestorben. Nur noch wenige Menschen waren geblieben. Es war halb

vier, als wir dort eintrafen. Die Schüsse kamen immer näher. Plötzlich

sah ich einen Trupp deutscher Soldaten um die Ecke kommen. „Strate-

gischer Rückzug". Das wurde mir dann doch zu bunt. Wir haben uns ein

Versteck gesucht. Jetzt ging es um Leben und Tod. Das Versteck bestand

aus einem Kartoffelkeller. Da sind wir um zwanzig vor vier hineingekro-

chen. Wir waren kaum drinnen, da hörten wir schon, wie die ersten

Panzer ins Dorf rollten. Gleichzeitig fing die Schießerei wieder an. Ein

Lärm war das! Das Rattern der Maschinengewehre, das Geratter der

Panzer, die Schreie der Menschen, das Pfeifen der Kugeln. Nach 5 Minuten wurde das Schießen etwas weniger. Ich traute mich, vorsichtig nach oben zu gehen, um die Lage erstmal zu überprüfen. Ich stand gerade an der Tür, und die erste Stimme, die ich hörte, war die eines Amerikaners, der schrie „Okay". Daraufhin brüllte ich zu meinem Kameraden nach unten: „Okay, es sind Amerikaner." Durch einen Spalt spähte ich nach draußen und sah in diesem Moment ein schwarzes Panzerfahrzeug vorbeirollen. Die wenigen Menschen, die noch in dem Dorf waren, standen in den Türen. Da wagte ich mich auch ins Freie. Schon bald kam ein Soldat auf uns zu. Er sprach uns auf Englisch an. Ich schüttelte den Kopf und fragte ihn, ob er deutsch spräche, und gottseidank, das konnte er. Schnell hatte ich ihm erzählt, wie es um uns stand. Danach schickte er uns in eine „Wirtschaft", damit wir den Truppen nicht im Weg standen. Aber bevor wir dorthin gingen, hatte ich die Chance gesehen, ihm ein paar Zigaretten abzuluchsen. Als ich die Wirtschaft betrat, stieß ich mit einem amerikanischen Soldaten zusammen. Wie es sich gehört, sagte ich „Oh sorry" und wollte weitergehen, aber er hielt mich zurück und sagte zu mir: „Sag das noch mal, ich glaube, du bist ein Holländer." Das war wie ein Schlag ins Gesicht. Ein Holländer in amerikanischer Uniform. Das war vielleicht eine Begegnung! In Holland war er in Arnheim zu Hause und im Mai 1940 rübergegangen. Nach einem kurzen Gespräch musste er weiter, und ich war wieder um ein paar Zigaretten reicher.

Nach kurzer Beratung hatten wir uns darauf geeinigt, noch eine Stunde zu warten, um dann noch tiefer hinter die Front zu gehen. Man konnte nie wissen, was alles noch passieren würde.

Als wir wieder unterwegs waren, klappte alles wie am Schnürchen. Bis wir nach ungefähr 20 Minuten Fußweg auf einem Hügel standen. Als ich nach unten schaute, sah ich, dass sich dort etwas bewegte. Das war umso auffälliger, als ansonsten kein lebendes Wesen zu entdecken war. Plötzlich sah ich den sich bewegenden Punkt etwas Weißes schwenken. Hatte er uns gesehen? Ich warf meinen Rucksack ab und rannte auf den Punkt zu. Mein Kamerad ist nicht der Schnellste und begann erst zu rennen, als ich schon auf halber Strecke war. Ich war schon ganz nah, als ich sah, dass es ein deutscher Soldat war, der sich auf einen Stock stützte. Mein erster Gedanke war: „Umkehren, überlass ihn seinem Schicksal." Aber ich konnte es nicht übers Herz bringen, ihn im Stich zu

lassen. Als ich bei ihm war, fragte er mich, ob ich ihm helfen wolle. Ich fragte ihn, was ihm fehle, und er antwortete mit einer Gebärde. Die Gebärde bestand darin, dass er seine Jacke anhob und da sah ich ein Loch in seinem Bein, so groß, dass meine beiden Fäuste leicht darin Platz gehabt hätten. Er zeigte mir seinen rechten Fuß. Der war der Länge nach aufgerissen, und aus seiner Schulter ragte ein Granatsplitter. Nein, so kann man keinen Menschen ohne Hilfe zurücklassen. Ich fragte ihn, ob er laufen könne, aber das ging nicht.

An dieser Stelle endet das Tagebuch. Die restlichen Seiten des dritten Heftes sind leer. Ein paar schwierig zu entziffernde Notizen auf der letzten Seite deuten auf eine Postkarte hin, die Jan während der Rückkehr an seine Familie geschrieben hat oder schreiben wollte:

[...] mir geht's gut, bin in Maastricht, komme aus München. Und [...] gesund, ist zu Hause alles ok? Keine Sorge. Gruß an Annie, [...], Jan.

NACHWORT

Von Paul-Moritz Rabe

Die Entdeckung von Zeugnissen der Vergangenheit, die einem bisher wenig bekannten Ausschnitt der Geschichte plötzlich Konturen und Farbe verleihen, macht den besonderen Reiz historischer Arbeit aus. Die Tagebuchaufzeichnungen des neunzehnjährigen niederländischen Zwangsarbeiters Jan Hendrik Bazuin sind ein solcher Glücksfund. Es handelt sich um eines der wenigen erhaltenen zeitgenössischen Zeugnisse aus der Perspektive jener Menschen, die während des Zweiten Weltkriegs von der nationalsozialistischen Regierung massenhaft zum „Arbeitseinsatz" ins Deutsche Reich zwangsrekrutiert wurden.

Rotterdam, eine „geschundene Stadt"

Als Jan Bazuin im November 1944 damit begann, Tagebuch zu schreiben, befanden sich die Niederlande im fünften Kriegsjahr. Rotterdam war eine „geschundene Stadt", wie der Historiker Benjamin Sijes formuliert hat.[1] Nach dem Überfall der Deutschen auf die Niederlande am 10. Mai 1940 war die zweitgrößte Stadt des Landes massiv bombardiert worden. 900 Rotterdamer kamen ums Leben, 24 000 Wohnhäuser wurden zerstört, die komplette Innenstadt lag in Schutt und Asche.[2]

Auch der Betrieb von Jans Großvater Hendrik Bazuin, die „Drukkerij Bazuin", wurde bei dem Flächenbombardement zerstört. Über die Kindheit und Jugend Jan Bazuins, der am 24. Oktober 1925 in Rotterdam geboren wurde, ist fast nichts bekannt. Wahrscheinlich hatte er in der Familiendruckerei mitgearbeitet und musste sich dann wie viele seiner Landsleute mit Gelegenheitsarbeiten durchschlagen. Das Haus, in dem Jan mit seinen Eltern und seinem älteren Bruder Nicolaas in einer einfachen Mietwohnung lebte, befand sich im Stadt-

Jan Bazuin (links) mit Vater (vorne) und Großvater (Mitte) vor der Familiendruckerei, Ende der 1930er Jahre. Foto: Privatbesitz Leon Bazuin

teil Kralingen in einem Bereich, der von den Luftangriffen knapp verschont geblieben war.

Die Bombardierung Rotterdams war ein wesentlicher Grund dafür, dass die Niederlande am 15. Mai 1940 kapitulierten. Königin Wilhelmina und ein großer Teil der Regierung flohen ins Exil nach London. Adolf Hitler setzte den stellvertretenden Generalgouverneur der besetzten polnischen Gebiete, Arthur Seyß-Inquart, als neuen Reichskommissar für die besetzten Niederlande ein. Während sich einerseits viele Niederländer an die Besatzungsherrschaft anpassten, manche die Nationalsozialisten auch aktiv unterstützten, entwickelte sich andererseits eine verhältnismäßig gut organisierte Widerstandsbewegung – teilweise gesteuert von der Exilregierung –, die das NS-Regime mit großer Härte bekämpfte. Besonders brutal gingen die Besatzer zudem gegen die jüdische Bevölkerung vor: Bis Herbst 1944 wurden rund 100 000 Jüdinnen und Juden deportiert und ermordet – 11 000 davon aus Rotterdam.[3]

Ab Sommer 1944 wurde die besetzte Stadt im Südwesten des Landes, deren

Hafen große strategische Bedeutung zukam, zum Ziel alliierter Bombardements. Zwischen Sommer und Herbst 1944 wurden 21 Luftangriffe auf Rotterdam geflogen, 750 Menschen kamen um, ein Sechstel der Bevölkerung wurde obdachlos.[4] Am 17. September 1944 rief die niederländische Exilregierung zu einem großen Eisenbahnerstreik auf, der die Befreiungsoffensive „Market Garden" unterstützen sollte. Rund 30 000 Bahnmitarbeiter tauchten unter. Die deutsche Wehrmacht zerstörte die Hafenanlagen, um eine Nutzung durch die Alliierten zu verhindern. Die Offensive scheiterte jedoch, die alliierten Truppen zogen sich zurück, und die Frontlinie konsolidierte sich unweit von Rotterdam. Um den Streik zu brechen und die Streikenden zu bestrafen, legte Reichskommissar Seyß-Inquart die Binnenschifffahrt lahm und schnitt damit die dicht besiedelten westlichen Provinzen von der Nahrungsmittelversorgung ab. Der Winter 1944/45, der „Hongerwinter", brachte die schlimmste Hungersnot in der Geschichte des Landes. Insgesamt 3,5 Millionen Menschen waren betroffen, mehr als 20 000 starben.[5]

Eine „geschundene Stadt" war Rotterdam im Herbst 1944 auch wegen eines Ereignisses, das als unmittelbare Vorgeschichte des Tagebuchs von Jan Bazuin verstanden werden kann: die Razzia von Rotterdam. An nur zwei Tagen, am 10. und 11. November 1944, wurden etwa 52 000 Männer zwischen 17 und 40 Jahren festgenommen und zur Zwangsarbeit für das NS-Regime verschleppt – 10 000 von ihnen in den Osten der Niederlande, 42 000 ins Deutsche Reich.

Schon einen Monat nach Beginn der Besatzungsherrschaft im Jahr 1940 war das erste Kontingent an niederländischen Arbeitern nach Deutschland geschickt worden. Damals hatte man noch versucht, die von den Langzeitfolgen der Weltwirtschaftskrise stark gebeutelten Niederländer mit Propaganda für den freiwilligen „Reichseinsatz" zu überzeugen. Anfangs kehrten einige Arbeiter auch wieder in ihre Heimat zurück. Im Laufe des Krieges übten die Besatzer zunehmend Druck aus: Man erließ eine „Arbeitsdienstpflicht" für die hohe Zahl an Arbeitslosen,[6] „Arbeitsverweigerer" wurden verhaftet und unter anderem ins Polizeiliche Durchgangslager Amersfoort eingewiesen. Man zwang Betriebe dazu, festgelegte Quoten an Arbeitern abzustellen, und führte einen Meldezwang für bestimmte Alterskohorten ein. Bis zur Razzia im November 1944 waren bereits 50 000 Rotterdamer Arbeiter rekrutiert worden.[7] Darunter war auch Jans Bruder Nicolaas. Er war seit Februar 1943 zum „Arbeitseinsatz" in Kassel. Seine Familie wusste im Herbst 1944 nicht, ob er noch lebte.

Die Razzia von Rotterdam, als „Aktion Rosenstock" von langer Hand geplant, war die mit Abstand größte Razzia in den Niederlanden während des Zweiten Weltkriegs. Sie traf die Bevölkerung völlig unerwartet.[8] Das frühzeitige Abschalten des gesamten Telefonnetzes, die systematische Abriegelung der Stadt sowie die nächtlichen Ausgangssperren verhinderten, dass die Menschen sich gegenseitig warnen konnten. Aus Sicht der Besatzungsmacht war die erstaunlich reibungslos ablaufende Aktion ein voller Erfolg.

Jan Bazuin entging der Razzia wahrscheinlich nur, weil er sich zu diesem Zeitpunkt gar nicht in der Stadt aufgehalten hat. Angesichts der Versorgungskrise hatten die Bürgermeister von Rotterdam und Amsterdam Mitte Oktober 1944 zum Kartoffelernteeinsatz in der Provinz Drenthe aufgerufen.[9] Ein späterer Tagebucheintrag legt nahe, dass auch Jan dort gewesen sein muss. Dies könnte erklären, warum er die Razzia im Tagebuch nicht erwähnt. Denn von den brutalen Aktionen hatte er vermutlich nichts direkt mitbekommen.

Alltag im Ausnahmezustand

Angesichts der Lage in Rotterdam mögen Formulierungen am Anfang des Tagebuchs wie „Heute kaum etwas Besonderes" oder „Es war nichts los" irritieren. Wie die meisten seiner Landsleute hoffte wohl auch Jan immer noch auf eine baldige Befreiung, und so spielen solche Feststellungen vor allem auf den militärischen Stillstand in dieser Kriegsphase an. Sie zeigen aber auch, dass die dramatischen Lebensbedingungen im Herbst 1944 in Jans Wahrnehmung schon so „normal" und alltäglich waren, dass sie oft nur knapp und fast beiläufig Erwähnung finden.

Trotzdem erfährt man im ersten Teil des Tagebuchs einiges über die kriegsbedingten Notlagen, besonders über die Nahrungsmittelknappheit. Wie in vielen Kriegswirtschaften funktionierte die Versorgung der Bevölkerung mit Grundnahrungsmitteln über ein Marken- und Bezugsscheinsystem. Die Preise am Schwarzmarkt für seltene oder per Marke überhaupt nicht beziehbare Waren schnellten in die Höhe. Jan Bazuin war Tag für Tag unterwegs, um Nahrungs-mittel zu beschaffen, immer wieder auch erfolglos.

Kriegsalltag bedeutete auch Kälte und Dunkelheit. Schon 1940 hatte die Besat-zungsmacht die Verdunkelung der Großstädte angeordnet, damit sich die alli-ierten Bomber nicht orientieren konnten. Straßenbeleuchtung und Leuchtrek-lamen waren verboten. Von Gebäuden durften keine Lichtstreifen nach draußen dringen, weshalb spezielle Vorhänge und Verdunkelungspapier benutzt wur-den. Auch für Straßenbahnen, Autos und Fahrräder waren nur speziell präpa-rierte Scheinwerfer erlaubt. Ab Ende November 1944 erhielten die Einwohner Rotterdams kein Gas mehr, Öl wurde rationiert. Um Heizmaterial zu beschaf-fen, sammelten die Menschen Äste oder fällten ganze Bäume – beides natür-lich illegal –, und die Familie Bazuin verheizte sogar die eigene Werkbank. Auch die Stromversorgung wurde im Herbst 1944 zeitweise stillgelegt. Nur mit einer Öllampe war es Jan überhaupt möglich, nach Einbruch der Dunkelheit zu schreiben.

In seinem Tagebuch nehmen zwei persönliche Themen großen Raum ein. Das ist zum einen die sich trotz aller Einschränkungen und Ausgangssperren entwickelnde Liebesbeziehung zu Annie. Möglicherweise ist sie jene 1925 gebo-rene Johanna Jacoba Emens, die Jan im März 1951 heiratete. Schon eineinhalb Jahre später wurden sie kinderlos geschieden. Zum anderen beschäftigte Jan der anhaltende Konflikt mit seinen Eltern, insbesondere mit dem Vater. Dieser drängte ihn vehement zur erneuten Teilnahme an der Kartoffelernte in Drenthe, wohl auch, um den zusätzlichen Esser in der Familie loszuwerden. Jan weigerte sich, unter anderem weil er befürchtete, von Drenthe nach Deutschland verschleppt zu werden. Hier zeigt sich ein typisches Dilemma im besetzten und von der Hungerkrise stark gebeutelten Land: Einerseits lockten die Versprechungen und die Aussicht auf Essen; andererseits herrschte große Skepsis, ob diese eingehalten würden. Die Exilregierung warnte über Radio Oranje sogar eindringlich und vermutete eine Falle der deutschen Besatzer.

„Man ist hier noch weniger wert als ein Stück Vieh"

Am 4. Januar 1945 erging in Rotterdamer Zeitungen die Aufforderung an alle
Männer von 17 bis 40 Jahren, sich zwischen dem 5. und dem 8. Januar zum
„Arbeitseinsatz" im Deutschen Reich zu melden. Die Strafandrohungen der
deutschen Besatzer, aber sicher auch der fehlende familiäre Rückhalt erklären,
warum Jan es nicht einmal in Erwägung zog unterzutauchen, wie es viele Niederländer taten. Am 8. Januar 1945 meldete er sich bei der „Arbeitsvermittlung",
die ihn zum Fußballstadion Feijenoord bestellte, das schon bei der großen
Razzia vom November als Sammelstelle gedient hatte. Von dort wurde er am
nächsten Tag mit mehr als 500 anderen Zivilisten per Güterzug Richtung
Deutschland transportiert.

Von nun an verändern sich Stil und Umfang der Tagebucheinträge. Ausführ-
licher und eindringlicher als zuvor schildert Jan nun Erlebnisse und Beobachtungen auf der tagelangen Fahrt Richtung München: den unerträglichen Hunger und Durst, die klirrende Kälte, die Enge im vollgestopften Viehwaggon, die
psychisch und körperlich stark angeschlagenen Insassen. Er begrub seine vage
Hoffnung, dass alles vielleicht gar nicht so schlimm werden würde. Fluchtge-
danken verwarf er aber schnell wieder.

Besonders interessant sind Jans Beschreibungen der Zustände im Durchgangslager Dachau-Rothschwaige, das er in den frühen Morgenstunden des
13. Januar 1945 erreichte. Bislang sind hierzu nur wenige Quellen überliefert.[10]
Das „Dulag" war eines von reichsweit etwa fünfzig Lagern, in denen ausländische (zivile) Arbeitskräfte gesammelt, erfasst, medizinisch gemustert, entlaust
und schließlich auf verschiedene Arbeitsstätten verteilt wurden. Es befand sich
etwa vier Kilometer vom Konzentrationslager Dachau entfernt. Trotz der
räumlichen Nähe und gewisser funktionaler Berührungspunkte war die Trä-
gerschaft unterschiedlich. Während das KZ der SS unterstand, wurde das Dulag, das seit Juli 1942 in Betrieb und auf etwa 2000 Personen ausgelegt war, vom
Landesarbeitsamt Bayern verwaltet. Zehntausende Zwangsarbeiterinnen und
Zwangsarbeiter wurden zwischen 1942 und 1945 von hier aus auf ihre Einsatzorte im Raum München und Oberbayern verteilt. Es wurde in einer Zeit
errichtet, als das NS-Regime die Rekrutierungen massiv ausweitete und eine

eigene, übergeordnete Behörde unter Leitung von Fritz Sauckel installierte. Nicht nur die Kriegswirtschaft, sondern auch die Landwirtschaft war vom Einsatz ausländischer Arbeitskräfte abhängig. Ohne sie hätte das NS-Regime den Krieg nicht weiterführen können.

Jan Bazuin verbrachte zehn Tage im Dulag Dachau. Es gab dort mehr zu essen als während des Zugtransports, aber immer noch viel zu wenig. Seine Versuche, zu seinem Bruder nach Kassel verlegt zu werden, scheiterten. Er war erst mit 200, dann mit 45 und schließlich mit 135 anderen Personen verschiedener Nationalitäten in einer einzigen Baracke untergebracht. Während des Zweiten Weltkriegs waren insgesamt rund 13,5 Millionen Zwangsarbeitskräfte im Deutschen Reich eingesetzt, darunter etwa 8,4 Millionen sogenannte Zivilarbeiter.[11] Der „nationalsozialistische Ausländereinsatz", so bilanziert der Historiker Ulrich Herbert, „stellt den größten Fall der massenhaften, zwangsweisen Verwendung von ausländischen Arbeitskräften in der Geschichte seit dem Ende der Sklaverei im 19. Jahrhundert dar".[12] Diese wurden parallel zum Kriegsverlauf mit zunehmender Systematik und Brutalität aus allen Teilen Europas verschleppt. In vielen besetzten Gebieten wurden schon wenige Tage nach dem Einmarsch Außenstellen der deutschen Arbeitsämter errichtet sowie „Anwerbekommandos" zusammengestellt, die vor allem in Osteuropa eher als Menschenjäger auftraten. Diese mussten die von der Sauckel-Behörde vorgegebenen Rekrutierungsvorgaben erfüllen, basierend auf dem von den deutschen Betrieben gemeldeten Bedarf. Über Sammelstellen in den besetzten Ländern gelangten die Menschen per Zug oder Lastwagen in die Dulags auf deutschem Staatsgebiet. Die meisten von ihnen kamen aus der Sowjetunion, aus Polen, Frankreich und Italien. Die mehr als 500 000 Niederländer, darunter rund 8 Prozent Frauen und Mädchen, bildeten die fünftgrößte Gruppe.[13]

Leben und Überleben unter Deutschen

Der Fall von Jan Bazuin kann nicht als repräsentatives Beispiel angesehen werden. Zahlreiche regionale oder firmengeschichtliche Studien der letzten fünfundzwanzig Jahre haben gezeigt, dass sich die Lebens- und Arbeitsbedingungen der Zwangsarbeiterinnen und Zwangsarbeiter stark voneinander unterschieden. Für Westeuropäer galten bessere Rahmenbedingungen als für Osteuropäer oder für die als Verräter stigmatisierten italienischen Kriegsgefangenen. Die Lebensumstände unterschieden sich aber auch je nach Art des Arbeitsplatzes, der Behandlung durch die Vorgesetzten, der Unterkunft, Ernährung und medizinischen Versorgung oder dem sozialen Miteinander der verschiedenen Nationalitäten in den Massenunterkünften.[14] Gleichwohl lassen sich in Jan Bazuins Schilderungen etliche Aspekte entdecken, die typisch für die Strukturen der NS-Zwangsarbeit waren.

Hier ist vor allem die Omnipräsenz ausländischer Arbeitstrupps in deutschen Städten und Dörfern zu nennen. Deren Ausbeutung und Diskriminierung war für die deutsche Mehrheitsgesellschaft alltäglich sichtbar. Kritisch hinterfragt wurden sie in der Regel nicht. Sichtbar waren auch die Massenunterkünfte, in denen der überwiegende Teil der Zwangsarbeiter untergebracht war. Während große Konzentrationslager wie Dachau oft außerhalb der Ortschaften angelegt waren, befanden sich die Unterkünfte für Arbeitskräfte in der Regel in unmittelbarer Nachbarschaft zur deutschen Bevölkerung. Die insgesamt zwischen 150 000 und 200 000 Zwangsarbeiterinnen und Zwangsarbeiter in München waren in mindestens 400 Lagerunterkünften auf dem Stadtgebiet untergebracht.[15] Nicht immer waren dies eigens geschaffene Barackenlager, oft dienten auch Turnhallen, Schulen oder Gaststätten als provisorische Behausungen. Sie waren Teil eines dichten Netzes, das das ganze Land überzog: Zwischen 1939 und 1945 entstanden mindestens 30 000 Zwangsarbeiterlager, was etwa der heutigen Anzahl der Supermärkte in Deutschland entspricht.

Das Lager, in dem Jan Bazuin zunächst untergebracht war, nachdem er das Dulag verlassen hatte, lag unweit des Fabrikkomplexes der Deutschen Reichsbahn in München-Freimann. Möglicherweise handelte es sich um das Lager an der Freisinger Landstraße (heute Burmesterstraße 20), ein sogenanntes Gemeinschaftslager für 1500 Personen unterschiedlicher Nationalitäten.[16] In der Regel waren die Zwangsarbeiter nach Nationalitäten getrennt in Einzelbaracken untergebracht; gerade für sowjetische Zwangsarbeiterinnen und Zwangsarbeiter, sogenannte „Ostarbeiter", existierten aber oft eigene Lager. Dass Jan Bazuin seine Baracke hier nicht nur mit 26 Niederländern, sondern auch mit

Ausländische Arbeitskräfte auf dem Weg ins Reichsbahnausbesserungswerk
Freimann, um 1943. Foto: Deutsch-Russisches Museum Karlshorst

ebenso vielen Polen teilte, war im letzten Kriegsjahr allerdings nicht ungewöhnlich. Damals wurden in kurzer Zeit derart viele Arbeitskräfte ins Land
geholt, dass man die ideologischen Ordnungsvorstellungen oft pragmatischen
Lösungen unterordnete.

Gleichzeitig spiegelt dies die Paradoxie der totalen Kriegsführung in der Endphase wider: Bis zuletzt sollte mit Hilfe der Zwangsarbeiter die Kriegswirtschaft noch irgendwie am Laufen gehalten werden, aber zugleich gab es in
vielen Betrieben aufgrund der zerstörten Infrastrukturen und Verkehrswege
sowie des eklatanten Mangels an Rohstoffen immer weniger Einsatzmöglichkeiten. So mussten die Zwangsarbeiter häufig ihre Einsatzorte wechseln. Jan
Bazuin wurde vom Freimanner Werk „arbeitslos" ins Lager zurückgeschickt
und am 25. Januar 1945 in das Schwesterwerk, das Reichsbahnausbesserungswerk
München-Neuaubing (RAW), gebracht.

Zwangsarbeit für die Reichsbahn in Neuaubing

Im westlichen Münchner Vorort Neuaubing, 1941 in die „Hauptstadt der Bewegung" eingemeindet, befanden sich zwei kriegswichtige Großbetriebe: die Dornier-Werke GmbH, die Kampfflugzeuge produzierte, sowie das in unmittelbarer Nachbarschaft gelegene RAW, wo man Waggons instand setzte und für Kriegszwecke umrüstete. Allein bei diesen beiden Betrieben waren während des Kriegs über 3000 Zwangsarbeiterinnen und Zwangsarbeiter eingesetzt. Unter den insgesamt etwa 1300 ausländischen Arbeitskräften des RAW bildeten die Niederländer eine überproportional große Gruppe.[17] Jan Bazuin war einer von rund 200 Niederländern, 150 wurden wie er erst relativ spät, im Januar 1945, registriert. Er wurde zunächst in einem „Festsaal" untergebracht, möglicherweise war dies der umfunktionierte werkseigene Veranstaltungssaal. Später wurde er in eine andere Lagerunterkunft verlegt, die ebenfalls direkt auf dem Werksgelände lag. In beiden Unterkünften blieben die Niederländer unter sich.

Dass Jan Bazuin ein eher untypisches Zwangsarbeiterschicksal hatte, zeigt sich am deutlichsten an den Tätigkeiten, die er während seiner Zeit in Neuaubing ausführen musste. Mit der Kerntätigkeit des RAW, der Reparatur von Güter- und Personenwagen, hatte er offenbar nichts zu tun. Stattdessen wurde er zum Schneeräumen, als Müllmann, bei der Werksfeuerwehr und zum Sieben von Chlorkalk eingesetzt. Dass er Anfang April 1945 als Vorarbeiter eines kleinen Bautrupps im nahe gelegenen Gut Freiham eingesetzt wurde, war möglicherweise Teil eines nicht unüblichen Ausleihgeschäfts, denn nicht nur die Rüstungsindustrie gehörte zu den Profiteuren des Ausländereinsatzes, sondern flächendeckend die gesamte „Volksgemeinschaft".

Die längste Zeit war Jan Bazuin jedoch als Küchenhilfe beschäftigt. Eine der Küchen, in denen er tätig war, befand sich vermutlich im Lager an der heutigen Ehrenbürgstraße, das in weiten Teilen noch erhalten ist. Es liegt etwa einen Kilometer nordwestlich des Werksgeländes und wurde im Mai 1942 zunächst als „Ostarbeiter"-Lager eröffnet, im Laufe der Zeit aber auch zur Unterbringung von Menschen anderer Nationalitäten genutzt. Die Küchendienste waren besonders lang, boten aber das außergewöhnliche Privileg, sich fast täglich satt essen zu können.

138

Luftbild des Münchner Stadtteils Neuaubing mit dem Reichsbahnausbesserungs-
werk (1) und dem RAW-Lager an der heutigen Ehrenbürgstraße (2) sowie deutlich
sichtbaren Bombeneinschlägen, April 1945. Foto: Luftbilddatenbank Dr. Carls GmbH

Trotzdem litt Jan Bazuin unter den schlechten hygienischen Bedingungen und
den häufigen Diebstählen im Lager. Er erlebte Krankheiten und den Tod eini-
ger Mitinsassen, hatte Heimweh, Sorge um die Lage in Rotterdam und Zu-
kunftsängste. Zerstreuung fand er bei gelegentlichen Kinobesuchen, was gerade

unter westeuropäischen Zwangsarbeitern nicht unüblich war, und überraschenderweise auch bei Ausflügen ins oberbayerische Umland. Seine wohl wichtigste Strategie des mentalen Überlebens war das tägliche Schreiben. In vielen Einträgen spricht er sich Mut zu oder formuliert Merksätze, um seine Gefühle zu ordnen und somit Widerstandsfähigkeit aufzubauen.

Die schwerste psychische Belastung für ihn stellten die am Ende fast täglichen Bombenangriffe dar. Neuaubing lag auf einer Fliegerroute Richtung Münchner Innenstadt, die von Amerikanern und Briten abwechselnd beschossen wurde. Aufgrund seiner kriegswichtigen Funktion war das RAW auch direktes Ziel zahlreicher alliierter Angriffe.[18] „Fremdarbeitern" war offiziell nicht oder nur sehr eingeschränkt der Zugang zu den öffentlichen Luftschutzkellern erlaubt. In den immer kürzer werdenden Tagebucheinträgen der letzten Kriegswochen nehmen Schilderungen des Fliegeralarms und der Luftangriffe einen immer größeren Raum ein und lassen Jan Bazuins ständige Todesangst greifbar werden.

Ein abermaliger Bombenbeschuss war auch der Anlass für Jans Flucht am 21. April 1945. Gegen 11 Uhr verließ er seine Arbeitsstätte in Freiham, wo vermutlich die Kontrolle weniger streng war. Gerade in den letzten Wochen und Tagen vor dem Kriegsende nahmen Fluchtversuche von Zwangsarbeitern zwar zu – es blieb trotzdem gefährlich. Begleitet wurde Jan von dem sechzehnjährigen Arie Wesdorp, der ebenfalls seit Januar als Zwangsarbeiter im RAW erfasst war. Bis zum nächsten Morgen legten die beiden zu Fuß und mit der Bahn eine Strecke von 100 Kilometern zurück, erlebten die letzten Gefechte zwischen Amerikanern und Deutschen, versteckten sich vor einem sich zurückziehenden Trupp deutscher Soldaten. Dass Jan Bazuin die Geschehnisse auf der zweitägigen Flucht trotz Stress und Angst wieder verhältnismäßig ausführlich beschreibt, ist bemerkenswert.

Wie seine Rückkehr in die Niederlande anschließend ablief, ist nur bruchstückhaft zu rekonstruieren. Erhalten ist eine amerikanische Registrierungskarte, der zufolge Jan am 5. Mai als „Displaced Person" registriert und am 19. Mai dem sogenannten Evakuierungsdienst in Maastricht überstellt wurde. Außerdem ist ein Foto überliefert, das sehr wahrscheinlich aus diesen Tagen stammt. Es zeigt Jan Bazuin Zigarette rauchend im Vordergrund einer Gruppe gutgelaunter Männer. Sie inszenieren sich vor einem Güterwaggon, auf dem – mit Kreide geschrieben – auf Niederländisch steht: „Er lacht, er geht nach HAUSE."

*Jan Bazuin (mit Hut und heller Jacke) mit anderen niederländischen Zwangs-
arbeitern bei ihrer Rückkehr aus Deutschland, wahrscheinlich im Mai 1945.
Foto: Privatbesitz Leon Bazuin*

Die doppelte Entdeckung des Tagebuchs

Jan Bazuin hielt sein Tagebuch zeitlebens gut versteckt. Weder mit seiner zweiten Ehefrau Trijntje Zwiers noch mit ihrem gemeinsamen Sohn Leon hat er jemals über seine Erfahrungen während des Kriegs und in Deutschland gesprochen. Er konzentrierte sich auf das Leben in der Gegenwart, wo er Karriere in
der niederländischen Militärpolizei machte.

Dass der Schatten der Kriegsvergangenheit über dem Hause Bazuin lag, war
kein Einzelfall. Während den Mitgliedern des niederländischen Widerstands
große Anerkennung zuteilwurde, sahen sich die Zwangsarbeiter nach ihrer
Rückkehr aus Deutschland über Jahrzehnte hinweg einem kollektiven Miss-
trauen ausgesetzt. Man verdächtigte sie, freiwillig ins Deutsche Reich gegangen
zu sein, und unterstellte ihnen, den Kriegsgegner durch ihre Arbeitskraft un-
terstützt zu haben.[19]

Leon Bazuin hat sich als junger Mensch nur wenig für die Geschichte seines Vaters interessiert.[20] Erst nach dessen Tod im Jahr 2001 entdeckte er in der Wohnung des Vaters das Tagebuch, bestehend aus drei Heften in unterschiedlichen Formaten, sowie einige historische Fotos und Dokumente wie den originalen Beschäftigungsausweis. Dass Leon Bazuin sich schließlich daranmachte, mehr über das Schicksal seines Vaters in Deutschland herauszufinden, verdanken wir einem zufälligen Anstoß von außen. Die Münchner Künstlerinnen Ruth Oehler und Lisa Kroner wurden 2011 auf der Suche nach Erkenntnissen über das noch heute existierende und früher zum RAW Neuaubing gehörende Barackenlager an der Ehrenbürgstraße auf Jan Bazuin aufmerksam und nahmen Kontakt zu Leon auf. Gemeinsam mit seiner Frau Carolien begann dieser nun damit, die Aufzeichnungen zu entschlüsseln. Über Umwege gelangten die transkribierten Aufzeichnungen zum damals gerade eröffneten NS-Dokumentationszentrum München, wo sie erstmals ins Deutsche übersetzt, dann aber nicht weiter beachtet wurden.

Im Frühjahr 2017 fiel mir die Übersetzung fast zufällig in die Hände. Es ist in mehrfacher Hinsicht ein besonderes Dokument: In Archiven sind zwar einige Memoiren und Oral-History-Interviews ehemaliger Zwangsarbeiter auffindbar, jedoch fast keine zeitgenössisch verfassten persönlichen Dokumente – schon gar nicht in dieser Ausführlichkeit. Die Aufzeichnungen sind zudem eine äußerst wertvolle Quelle zur Geschichte des Zwangsarbeiterstandorts Neuaubing, also jenes Ortes, wo auf dem Gelände eines noch erhaltenen ehemaligen Lagers bis 2025 ein Erinnerungsort des NS-Dokumentationszentrums München entstehen wird. Viele der im Tagebuch erwähnten Ereignisse oder Personen konnten verifiziert werden. Im Vergleich zu den meisten anderen (veröffentlichten und unveröffentlichten) Tagebüchern aus der NS-Zeit unterscheidet sich Jans Tagebuch außerdem hinsichtlich der Rezeptionssituation und des Sprachstils. Während viele Verfasser mit ihren Notizen bewusst Zeugnis ablegen wollen und daher gezielt „die Nachwelt" ansprechen,[21] schrieb Jan offenbar aus einer spontanen Laune heraus. Entsprechend direkt und ungekünstelt ist seine Ausdrucksweise, manchmal unbedarft, schlicht und roh, mitunter auch ironisch, in jedem Fall nah am gesprochenen Wort. Nicht selten finden sich kleinere grammatische und orthografische Fehler oder inhaltliche

Beschäftigungsausweis von Jan Bazuin beim Reichsbahnausbesserungswerk Neuaubing. Im Tagebucheintrag vom 13. März 1945 wird die Ausgabe des Passes erwähnt. Foto: Privatbesitz Leon Bazuin

Wiederholungen. Die Aufzeichnungen unterlagen nur einer geringen Selbstzensur. Gerade in der literarischen Unvollkommenheit liegt der besondere Wert dieser Quelle, die heutige Leser tief in die Gedanken- und Gefühlswelt des schreibenden Protagonisten eintauchen und sie wie durch ein „Fenster in vergangene Welten"[22] blicken lässt.

Manuskript, Edition und Illustrationen

Um den Besonderheiten von Jan Bazuins Selbstzeugnis gerecht zu werden, folgen Übersetzung und Edition dem Grundsatz, möglichst nah am Originalmanuskript zu bleiben. Die Einteilung der Aufzeichnungen in drei Abschnitte entspricht den drei Originalheften. Hervorhebungen des Verfassers, etwa durch

Unterstreichungen, Abkürzungen oder Absatzgestaltung wurden weitgehend so übernommen, wie sie sich im Original finden. Begriffe, die Jan auf Deutsch notiert hat, sind recte gesetzt. Kleine sachliche Fehler wurden stillschweigend korrigiert. Streichungen, die Jan offensichtlich im Prozess des Schreibens vornahm, wurden ohne Kenntlichmachung übernommen. Einige Passagen, die er vermutlich erst deutlich später gestrichen hat und die vor allem Gefühlsäußerungen, etwa über seine Freundin Annie, beinhalten, wurden in der vorliegenden Fassung jedoch in eckigen Klammern erhalten. Die Übersetzung versucht, den jugendlichen, knappen Stil, aber auch den besonderen Wortwitz von Jan so gut wie möglich ins Deutsche zu übertragen.

Die Illustrationen von Barbara Yelin begleiten die Aufzeichnungen, beleuchten schlaglichtartig einzelne Szenen, Beobachtungen oder Gefühle des Schreibenden, fügen weitere Details hinzu und füllen mitunter auch Leerstellen. So sollen sie den Schilderungen noch mehr erzählerische Tiefe verleihen. Die Auswahl und Komposition ist in enger Zusammenarbeit zwischen Herausgeber und Zeichnerin unter Abwägung historischer, dramaturgischer und künstlerischer Aspekte entstanden. Zur Geschichte Jans in den Jahren 1944 und 1945 existiert so gut wie kein Fotomaterial. Grundlage vieler Illustrationen waren historische Fotos aus der Lebenswelt Jans, etwa vom zerstörten Rotterdam, von typischen Barackenunterkünften oder den RAWs in Freimann und Neuaubing. Dennoch sind die Zeichnungen nicht rein dokumentarisch; es handelt sich um künstlerische Annäherungen. Barbara Yelins Zeichenstil, ihr „stets suchender Strich", wie sie es selbst formuliert, schafft Konturen, lässt Geschehenes erahnen, aber zugleich eigene Interpretationen zu – und passt dabei besonders gut zur Vermittlung von historischen Stoffen. Denn das Vergangene kann schließlich nie abgebildet, sondern stets nur bruchstückhaft rekonstruiert und umrissen werden.

Vor zwei Jahren entstand die Idee zu diesem Buch. Dafür, dass sich Barbara Yelin von Beginn an für das Vorhaben begeistern ließ, und für die durchweg fruchtbare und vertrauensvolle Zusammenarbeit danke ich sehr. Einen wichtigen Beitrag lieferte Jos Sinnema durch seine historische Beratung und akribische Recherche zu vielen Detailfragen der niederländischen Geschichte. Kristina Tolok sei für ihre wissenschaftliche Mitarbeit gedankt. Ulrich Nolte unterstützte das Projekt von Beginn an und führte ein umsichtiges Lektorat durch. Leon Bazuin übergab dem NS-Dokumentationszentrum die Erstfassung der Tagebuch-Transkription sowie später das Original inklusive weiterer persönlicher Dokumente seines Vaters. Ohne seine Kooperationsbereitschaft und sein Vertrauen in unsere Arbeit gäbe es das vorliegende Buch nicht.

Anmerkungen

1   B. A. Sijes: De Razzia van Rotterdam. 10–11 November 1944. 's-Gravenhage 1951, S. 23 ff.

2   Vgl. https://www.verzetsmuseum.org/nl/kennisbank/inval [1.10.2021].

3   Vgl. https://www.brandgrens.nl/vervolging-en-dwangarbeid [1.10.2021].

4   Vgl. B. A. Sijes: De Razzia van Rotterdam, S. 267.

5   Vgl. Loe de Jong: Het Koninkrijk der Nederlanden in de Tweede Wereldoorlog 1939–1945, Teil 10b, Het laatste jaar II, erste Helfte, Den Haag 1981, S. 219.

6   Vgl. Mark Spoerer: Zwangsarbeit unter dem Hakenkreuz. Ausländische Zivilarbeiter, Kriegsgefangene und Häftlinge im Deutschen Reich und im besetzten Europa 1939–1945. München 2001, S. 58, der für den Sommer 1940 die Zahl von 100.000 Arbeitslosen nennt.

7   Vgl. Albert Oosthoek: Rotterdamer Arbeiter in Kassel 1940–1945. In: Rimco Spanjer/Diete Oudesluijs/Johan Meijer (Hrsg.): Zur Arbeit gezwungen. Zwangsarbeit in Deutschland 1940–1945. Bremen 1999, S. 209–216, hier S. 212.

8   Vgl. B. A. Sijes: De Razzia van Rotterdam, S. 268 ff.

9   Vgl. Loe de Jong: Het Koninkrijk der Nederlanden in de Tweede Wereldoorlog 1939–1945, S. 20–24.

10 Vgl. Andreas Heusler: Ausländereinsatz. Zwangsarbeit für die Münchner Kriegswirtschaft 1939–1945. München 1996, S. 208–212.

11 Die anderen großen Gruppierungen bildeten 4,6 Millionen Kriegsgefangene und 1,7 Millionen KZ-Häftlinge. Zählt man die Arbeitskräfte hinzu, die in von Deutschland besetzten Gebieten eingesetzt wurden, summiert sich die Gesamtzahl auf 25 Millionen. Hierzu und im Folgenden vgl. Mark Spoerer: Zwangsarbeit unter dem Hakenkreuz, S. 219–225.

12 Ulrich Herbert: Der „Ausländereinsatz" in der deutschen Kriegswirtschaft 1939–1945. In: Spanjer/Oudesluijs/Meijer (Hrsg.): Zur Arbeit gezwungen, S. 13–21, hier S. 13.

13 Vgl. https://www.verzetsmuseum.org/nl/kennisbank/dwangarbeid [1.10.2021]; so-
    wie Mark Spoerer: Zwangsarbeit unter dem Hakenkreuz, S. 222.

14 Vgl. Carina Baganz: Lager für ausländische zivile Zwangsarbeiter. In: Wolf-
    gang Benz/Barbara Distel (Hrsg.): Der Ort des Terrors. Geschichte der national-
    sozialistischen Konzentrationslager, Bd. 9, München 2009, S. 248–270, hier
    S. 259.

15 Vgl. Paul-Moritz Rabe: Das RAW-Lager Neuaubing und seine Insassen. In: Win-
    fried Nerdinger (Hrsg.): Zwangsarbeit in München. Das Lager der Reichsbahn in
    Neuaubing. Berlin 2018, S. 130–142, hier S. 130 f.

16 Vgl. Digitale Lagerdatenbank, NS-Dokumentationszentrum München.

17 Vgl. Paul-Moritz Rabe: Das RAW-Lager Neuaubing, S. 138.

18 Vgl. Paul-Moritz Rabe: Lebens- und Arbeitsbedingungen der Zwangsarbeiter im
    RAW Neuaubing. In: Nerdinger (Hrsg.): Zwangsarbeit in München, S. 166–177,
    hier S. 175.

19 Vgl. Mark Spoerer: Zwangsarbeit unter dem Hakenkreuz, S. 60, der schätzt, dass
    höchstens die ersten ab 1940 ins Deutsche Reich gekommenen 100 000 der insge-
    samt gut 500 000 niederländischen Arbeiter mit Einschränkungen als „Freiwil-
    lige" bezeichnet werden können.

20 Vgl. E-Mail-Korrespondenz Leon Bazuin/Paul-Moritz Rabe vom 14.3.2021.

21 Vgl. etwa eines der wenigen bislang bereits veröffentlichten Tagebücher niederlän-
    discher Zwangsarbeiter: Orlogsdagboeken van Arie en Piet Lansbergen Rotter-
    dam – München/Dachau 1944–1945, hrsg. von Els und Michael Lansbergen, Hen-
    gelo 2005; dt. Übersetzung: Arie und Piet Lansbergen. Rotterdam – München/
    Dachau 1944/45. Die Tagebücher zweier niederländischer Zwangsarbeiter in Ober-
    bayern, hrsg. von Els und Michael Lansbergen, Redaktion der deutschen Ausgaben
    Waltraud Künstler und Volker Laube. Regensburg 2009.

22 Christina Morina: Schwierige Zeugnisse: Tagebuchforschung und Holocaust-Ge-
    schichtsschreibung am Beispiel der Niederlande. In: Frank Bajohr/Sybille Steinba-
    cher (Hrsg.): „… Zeugnis ablegen bis zum letzten". Tagebücher und persönliche
    Zeugnisse aus der Zeit des Nationalsozialismus und des Holocaust. Göttingen
    2015, S. 122–141, hier S. 133.

GLOSSAR

Abend-Zeitung Vermutlich die „München-Augsburger Abendzeitung", das von 1941 bis 1945 erschienene gleichnamige Nachfolgeblatt der vom 17. Jahrhundert bis 1934 bestehenden Zeitung. Die Neuherausgabe im Zweiten Weltkrieg wurde vom Präsidenten der Reichspressekammer und NSDAP-Mitglied Max Amann initiiert und von der zum nationalsozialistischen Franz Eher Verlag gehörenden Druckerei Knorr & Hirth verlegt.

Alliierte Bezeichnung für die drei Großmächte Sowjetunion, USA und Vereinigtes Königreich, die zusammen mit China während des Zweiten Weltkriegs eine Allianz gegen die Achsenmächte Deutschland, Italien und Japan bildeten und bei Kriegsende als Hauptsiegermächte galten. Nach der Befreiung von Paris 1944 zählte auch Frankreich zu den Alliierten.

Amersfoort Zweitgrößte Stadt der niederländischen Provinz Utrecht, Station auf Jans Zugfahrt nach Deutschland. Die deutschen Besatzer richteten hier 1941 das „Polizeiliche Durchgangslager Amersfoort" (später „Polizeigefängnis Amersfoort") ein, in dem während des Zweiten Weltkriegs insgesamt 47 000 Menschen inhaftiert waren. Der Großteil von ihnen wurde von dort weiter in Zwangsarbeiterlager oder andere Konzentrationslager deportiert und nicht selten ermordet.

Arbeitseinsatz Begriff der NS-Propaganda für die massenhafte und in der Regel erzwungene Rekrutierung bzw. Verschleppung von Menschen aus den besetzten Gebieten zur Zwangsarbeit. In die Verschleppung waren viele unterschiedliche Stellen involviert, u. a. Mitarbeiter der Arbeitsämter, die Wehrmacht und die SS. Die organisatorische Hauptverantwortung lag ab März 1942 bei dem Generalbevollmächtigten für den Arbeitseinsatz, einer Behörde, an deren Spitze Fritz Sauckel stand.

Aus den Niederlanden wurden insgesamt über 500 000 Menschen herangezogen, darunter etwa ein Fünftel aus Rotterdam.

Arbeitsinspektion Bezeichnung für Behörden, die die gesetzlichen Bestimmungen zum Arbeitsschutz in Unternehmen prüften; Jan Bazuin meint im Tagebucheintrag vom 15. Januar 1945 jedoch vermutlich die Beschäftigten des regionalen Arbeitsamts. Diese koordinierten den Einsatz der ausländischen Zwangsarbeitskräfte vor Ort, stellten ihnen Arbeitsdokumente aus und verteilten sie auf die Betriebe, die „Bedarf" angemeldet hatten, wobei die „Kriegswichtigkeit" des Unternehmens ein wesentliches Kriterium war.

Bazuin, Nicolaas (Nico) geb. 7.8.1923, Todesdatum unbekannt, älterer Bruder von Jan Bazuin. Er war von Februar 1943 bis Kriegsende als Zwangsarbeiter in Deutschland eingesetzt. Nachgewiesen ist eine Beschäftigung im Reinigungsamt der Stadt Kassel. Er heiratete am 20. Oktober 1944 Anneliese Klaas aus dem westfälischen Meggen; Eheschließungen zwischen ausländischen Arbeitern und Deutschen waren sehr ungewöhnlich.

Bazuin, Nicolaas Leendert 29.8.1901–20.1.1957, Vater von Jan Bazuin, Sohn von Judith Roggeveen und Hendrik Bazuin, Inhaber einer Druckerei, die im Mai 1940 beim Bombenangriff auf Rotterdam zerstört wurde.

Ceintuurbaan Eine bekannte Straße zwischen Rotterdam und Utrecht, zwischen 1899 und 1953 Bezeichnung für die entsprechende Bahnstrecke.

Chesterfield Amerikanische Zigarettenmarke mit starkem Tabak, die seit 1873 hergestellt wird. Trotz einer Anti-Raucher-Kampagne der nationalsozialistischen Regierung stieg der Konsum auch in Deutschland kontinuierlich an. Nikotin kann Müdigkeit, Hunger und Angst überdecken; so stellte an der Front, aber auch bei der Zwangsarbeit das Rauchen eine Überlebensstrategie dar. Es wurden Tabakrationen an Soldaten verschickt und an „Fremdarbeiter" verteilt. Ab 1942 wurden Zigaretten zunehmend zur Mangelware und ein wertvolles Tauschgut auf dem Schwarzmarkt.

Chlorkalk Pulver oder Granulat, das zunächst als Bleichmittel in der Textilindustrie sowie als Desinfektionsmittel verwendet wurde, im Ersten und Zweiten Weltkrieg auch zur Hautdekontamination nach Kontakt mit bestimmten chemischen Kampfstoffen. Im Konzentrationslager Buchenwald kam Chlorkalk teilweise auch bei der Ermordung von Häftlingen zum Einsatz, die an den Gasen erstickten, die sich durch Mischung von Chlorkalk und Wasser bilden. Da Chlorkalk brandfördernd, hautätzend und umweltgefährdend ist, wird er heute kaum noch verwendet.

Coolhaven Hafen in Rotterdam, südwestlich vom Zentrum, damals einer der wichtigsten Anlegeplätze für Binnenschiffe in Rotterdam. Die Binnenschifffahrt hatte eine zentrale Bedeutung für die Lebensmittelversorgung der Großstädte während des Hungerwinters 1944/45, auch weil ein Eisenbahnerstreik den Zugtransport erschwerte.

Dachau, KZ Das Konzentrationslager Dachau war das erste KZ, das die Nazis errichteten (März 1933); es befand sich wenige Kilometer nordöstlich des Zentrums der oberbayerischen Kreisstadt. Mehr als 200 000 Häftlinge waren im Zeitraum von 1933 bis 1945 im KZ inhaftiert, etwa 41 500 von ihnen kamen dort um. Jan Bazuin wusste von den Zuständen im Konzentrationslager („Hölle von Dachau"). Ab 1943 wurden auch zunehmend KZ-Häftlinge zur Zwangsarbeit herangezogen, die in den zahlreichen Außenlagern untergebracht waren.

Dachau-Rothschwaige, Durchgangslager Das Durchgangslager (Dulag), in das Jan Bazuin nach seiner Ankunft in der Kreisstadt Dachau, ca. 30 Kilometer nordwestlich von München, zunächst gebracht wurde. Das Dulag befand sich im südlichen Ortsteil Rothschwaige und war eines von reichsweit etwa fünfzig Lagern, in denen ausländische Arbeitskräfte erfasst und auf verschiedene Arbeitsstätten verteilt wurden. Auf dem Gelände in Rothschwaige wurden bald auch ein „Hilfskrankenhaus" sowie eine Entbindungs- und Abtreibungseinrichtung für sowjetische Zwangsarbeiterinnen aus dem Münchner Umland eingerichtet.

Damals Kriminalfilm des deutschen Regisseurs Rolf Hansen, mit der schwedischen Schauspielerin Zarah Leander in der Hauptrolle, erschienen 1943. Am 18. März 1945 schaute Jan Bazuin diesen Film möglicherweise im Union-Theater in der Boschetsrieder Straße an, wo um 16.30 Uhr eine Vorführung lief. Niederländische, belgische und französische Zwangsarbeitskräfte konnten sich, anders als osteuropäische, relativ frei bewegen. Kinofilme wurden in der NS-Zeit zur Massenunterhaltung und auch zu propagandistischen Zwecken genutzt. Um die Durchhaltekraft der Bevölkerung zu stärken, legte das NS-Regime großen Wert darauf, dass auch in den letzten Kriegsmonaten noch ein umfangreiches Kinoprogramm angeboten wurde.

de Rijke, Catharine Johanna 13.9.1901–September 1994, Mutter von Jan Bazuin, seit September 1922 verheiratet mit Nicolaas Leendert Bazuin.

Deich bei Tiel Hochwasserdamm nahe der Stadt Tiel, ca. 20 Kilometer östlich von Zaltbommel am Fluss Waal. Er schützte ein für die Versorgung der Bevölkerung wichtiges landwirtschaftliches Gebiet vor Überschwemmungen und drohte während Jan Bazuins „Hungerreise" Ende November 1944 zu brechen. Wenig später wurde der Deich von den deutschen Besatzern als wehrtaktische Verteidigungsmaßnahme gesprengt.

Delftsche Poort Einer der vier Bahnhöfe in Rotterdam. 1957 wurde im Zuge des Wiederaufbaus in der Nähe der heutige Hauptbahnhof errichtet.

Dordrecht Stadt in der niederländischen Provinz Südholland, 20 Kilometer südöstlich von Rotterdam. Dordrecht war im Winter 1944/45 Frontgebiet. Am 1. Februar 1945 hört Jan Bazuin Gerüchte, dass Dordrecht von der britischen Armee befreit worden sei, dies geschah erst im Mai 1945.

Drenthe Provinz im Norden der Niederlande, damals wichtig für die Versorgung der städtischen Bevölkerung im Westen des Landes. Wegen Erntehelfermangels wurde am 17. und 18. Oktober 1944 beschlossen, dass Menschen aus dem Westen in Drenthe aushelfen sollten. Auch im November und Dezember erfolgten vor allem in Rotterdam und Amsterdam weitere Aufrufe. Die Exilregierung in London sowie verschiedene Widerstandsgruppen versuchten, die Bevölkerung davon abzuhalten, dem Aufruf zu folgen, in dem sie eine Falle der Deutschen sahen.

Elektrofahrzeug Aufgrund des Benzinmangels wurden im Krieg teilweise elektrisch betriebene Wagen genutzt.

Emens, Johanna Jacoba (Annie) geb. 15.8.1925, Todesdatum unbekannt: Erste Ehefrau von Jan Bazuin, möglicherweise die im Tagebuch erwähnte Freundin Annie. Sie heirateten am 8. März 1951 und wurden schon im Oktober 1952 wieder geschieden; die Ehe blieb kinderlos. Jan

Bazuin heiratete 1955 ein zweites Mal, aus der Ehe ging der Sohn Leon Bazuin hervor.

Fallschirmjäger/-springer Speziell ausgebildete und ausgerüstete Infanterieeinheiten, die per Fallschirmsprung aus Flugzeugen oder Hubschraubern hinter der Frontlinie oder im Hinterland anlanden, oft um dort unter Ausnutzung des Überraschungseffekts strategische Ziele zu erobern.

Feijenoord, Stadion Fußballstadion in Rotterdam, 1937 erbaut. Es diente sowohl bei der großen Razzia am 10./11. November 1944 als auch bei Jan Bazuins Deportation am 9. Januar 1945 als Sammelstelle für die Arbeitskräfte, bevor sie mit dem Zug nach Deutschland gebracht wurden.

fl. Abkürzung für Gulden (früher Florin), niederländische Währung. Ein Gulden im Jahr 1944 entspricht umgerechnet in heutige Kaufkraft knapp 7 Euro.

Flak Abkürzung für „Flugabwehrkanone". Nach 1943 wurden Flaks in Deutschland vor allem eingesetzt, um niedrig anfliegende Flugzeuge vom Boden aus zu bekämpfen.

Fliegeralarm Warnsignal vor Luftangriffen, das mittels Sirenen gegeben wurde. In Deutschland war dies in der Endphase des Krieges ein einminütiger an- und abschwellender Heulton, bei Entwarnung erklang ein einminütiger Dauerton.

Freiham Bezeichnung für das Gut Freiham, etwa 3 Kilometer von Neuaubing entfernt, 1942 mit Aubing nach München eingemeindet. Das Gut verfügte seit 1903 über einen eigenen Bahnhof.

Freimann Ein 1931 eingemeindeter nördlicher Stadtteil Münchens. Seit 1925 befand sich hier eines von zwei Reichsbahnausbesserungswerken (RAW) auf dem Münchner Stadtgebiet. Im RAW Freimann wurden vorwiegend Lokomotiven instand gesetzt. Jan Bazuin wurde nach der Verteilung im Durchgangslager Dachau-Rothschwaige zunächst nach Freimann gebracht.

Germering Kreisstadt im Landkreis Fürstenfeldbruck, 16 Kilometer westlich von München. Im Zweiten Weltkrieg befand sich hier ein Außenlager des KZ Dachau, errichtet im Auftrag der Luftwaffe. Die Häftlinge, darunter auch Niederländer, waren u. a. in den Dornier-Werken eingesetzt.

Herfst, Petronella (Omi Herfst) 8.12.1841–29.6.1948. Eigentlich Petronella Elisabeth Herfst-Braams, die damals älteste Bürgerin Rotterdams, später der gesamten Niederlande. Sie war Hebamme, hatte sechzehn Kinder, wohnte im Libanonweg 30, also in der Nachbarschaft der Familie Bazuin, die in der Nummer 44b wohnte. Das Sprichwort „so alt wie Omi Herfst" kursiert noch heute in Rotterdam.

Herrsching Gemeinde am Ammersee, Landkreis Starnberg, etwa 40 Kilometer südwestlich von München. Jan Bazuins Ausflüge ins Münchner Umland waren selbst für westliche Zwangsarbeitskräfte keine Normalität. Den Polizeikontrollen konnte er nur mit Mühe entkommen.

Hungerwinter (ndl. „Hongerwinter"): Der Winter 1944/45 in den Niederlanden. Mehr als 3,5 Millionen Menschen waren betroffen, mindestens 20 000 von ihnen starben. Die Einwohner der Städte im Westen der Niederlande machten „Hungerreisen" in die landwirtschaftlichen Regionen des Ostens und Nordostens, um Wertgegenstände gegen Nahrungsmittel zu tauschen.

Ich liebe dich und kenn dich nicht Korrekt *Ich kenn' Dich nicht und liebe Dich*, Melodram des ungarischen Regisseurs Géza von Bolváry, mit Willi Forst und Magda Schneider in den Hauptrollen, erschienen 1934. Vgl. das Stichwort „Damals".

Kassel In der nordhessischen Stadt war Jan Bazuins Bruder Nicolaas seit 1943 als Zwangsarbeiter eingesetzt. Von den insgesamt über 30 000 ausländischen Arbeitskräften in Kassel kamen ca. 8000 aus den Niederlanden, davon etwa 3000 aus Rotterdam.

Kriegsgefangene unterstanden der deutschen Wehrmacht, waren in Kriegsgefangenenlagern untergebracht und wurden als Arbeitstrupps an Betriebe entsandt. Mit insgesamt 4,6 Millionen waren sie eine der größten Teilgruppen unter den Zwangsarbeitern. Gemäß dem Genfer Abkommen über die Behandlung von Kriegsgefangenen durften sie eigentlich nicht in der Rüstungsproduktion eingesetzt werden. Viele Gefangene wurden daher in den Zivilstatus überführt, v. a. rund 600 000 „Italienische Militärinternierte" (IMI). Beim RAW Neuaubing waren rund 230 IMIs sowie zahlreiche französische Kriegsgefangene eingesetzt. Jan

Bazuins Bemerkung vom 19. Januar 1945, dass man in Bezug auf Verurteilungen zu Straflager durch die Lagerpolizei „kein Deut besser als ein russischer Kriegsgefangener" sei, spielt darauf an, dass sowjetische Kriegsgefangene besonders hart behandelt wurden. Zwischen 1941 und 1945 gerieten über 5 Millionen Angehörige der Roten Armee in deutsche Gefangenschaft. Die Todesrate unter den sowjetischen Kriegsgefangenen lag bei über 60 Prozent, die anderer Nationen bei etwa 2 Prozent.

Lagersperre Verbot, sich aus dem Lager zu entfernen; häufig getroffene Anordnung, um Epidemien einzugrenzen oder Fluchtversuchen und Aufständen entgegenzusteuern. Die Lagersperren im RAW-Lager Neuaubing Ende März 1945 hingen möglicherweise mit den von Jan Bazuin erwähnten Diebstählen in den Tagen zuvor zusammen.

Lavetto, Flavio 11.7.1922–1954, Italiener, leistete ab 14. Oktober 1944 Zwangsarbeit im RAW Neuaubing, war in einer Lagerküche tätig, zeitweise zusammen mit Jan Bazuin. Er gehörte wahrscheinlich zu den „Italienischen Militärinternierten", vgl. das Stichwort „Kriegsgefangene".

Laufgraben Feldbefestigung, die den gedeckten Zugang zur Front und den Transport von Lebensmitteln und Verletzten ermöglicht.

Lebensmittelkarten Dokumente, die zum Erhalt von Lebensmitteln berechtigten. Während des Krieges und speziell im Hungerwinter 1944/45 mussten Nahrungs- und andere Bedarfsmittel rationiert werden. Bestimmte Güter wurden nur gegen Lebensmittelkarten ausgegeben; einer Person standen nur begrenzte Rationen zu; man erhielt die Karten an lokalen Ausgabestellen. Geld als Zahlungs- und Tauschmittel verlor an Bedeutung.

Luftschutzkeller Bei Fliegeralarm in den Städten konnten sich die Bewohner in einen der zahlreichen Luftschutzkeller begeben. Der Zugang zu solchen gesicherten Räumen war Zwangsarbeitskräften in der Regel untersagt. In vielen Gemeinschaftslagern gab es zum Schutz vor Bombenangriffen allenfalls Splitterschutzgräben.

Maasufer (linkes/rechtes) Ortsangabe in Rotterdam, die in der Regel einen ganzen Stadtteil meint. Der Fluss Nieuwe Maas zerteilt die Stadt in einen südlichen und einen nördlichen Teil, welche oft als linkes oder rechtes Maasufer bezeichnet werden. Am rechten Maasufer, wo die Innenstadt liegt, wohnte Jan Bazuins Familie, am linken Maasufer befindet sich das Stadion Feijenoord.

Mud Veraltetes Volumenmaß. Als 1820 das metrische System eingeführt wurde, wurde festgelegt, dass einem Mud 100 Liter entsprechen. Bezieht sich Mud auf feste Substanzen, so ist meist das Gewicht gemeint. 1 Mud Kartoffeln entsprach etwa 70 Kilogramm, 1 Mud Steinkohle etwa 70 bis 75 Kilogramm. Für Steinkohle wird Mud noch heute als Maßeinheit verwendet.

München Münchens Geschichte ist eng mit dem Aufstieg des Nationalsozialismus verbunden. Bis 1945 befand sich hier die Zentrale der NSDAP. Die Stadt wurde in der NS-Propaganda „Hauptstadt der Bewegung" genannt. Zwischen 1939 und 1945 entstanden über das gesamte Stadtgebiet verteilt mehr als 400 Sammelunterkünfte für 150 000 bis 200 000 ausländische Zwangsarbeitskräfte. Viele Münchner Betriebe, darunter BMW, Krauss-Maffei und Agfa, profitierten von ihrem Einsatz. München wurde zwischen 1940 und 1945 Ziel von Bombenangriffen, bei denen etwa 7000 Menschen umkamen. Am 30. April 1945 befreite die US-Armee die Stadt.

Mussolini Ab 1922 Ministerpräsident von Italien, der von 1925 bis zu seiner Absetzung 1943 als „Duce" das faschistische Regime führte und mit dem NS-Regime ein Bündnis bildete. Nach dem Waffenstillstandsabkommen Italiens mit den Alliierten im September 1943 wurden die italienischen Soldaten, die sich in den von den Deutschen besetzten Gebieten befanden, zu Kriegsgefangenen und später als „Italienische Militärinternierte" in den Zivilstatus überführt. Darauf bezieht sich die Notiz vom 19. Februar 1945, der zufolge die Italiener schon lange keine Kriegsgefangenen mehr seien und dies Mussolini „zu verdanken" hätten.

Neuaubing Vorort von München, der sich südlich vom Dorf Aubing um die 1906 dort errichtete Centralwerkstätte Aubing, das spätere Reichsbahnausbesserungswerk (RAW), herum entwickelte; 1941 eingemeindet. Während der NS-Zeit wurde Neuaubing mit seinen beiden Großbetrieben Dornier und RAW ein Zentrum der Rüstungsproduktion und der

Zwangsarbeit. Insgesamt waren in den Gemeinden Aubing, Neuaubing und Langwied ca. 7000 ausländische Zwangsarbeitskräfte eingesetzt, rund 2000 bei den Dornier-Werken in der Produktion von Rümpfen für Kampfflugzeuge.

Olching Stadt im Landkreis Fürstenfeldbruck, etwa 20 Kilometer westlich von München. In Olching sollte im Zuge der „Umgestaltung der Groß-münchner Bahnanlagen" eine neue Eisenbahnstrecke gebaut werden. Mehr als 1000 Zwangsarbeitskräfte waren dort beschäftigt.

Oostplein Platz in Rotterdam am rechten Maasufer; zu der Zeit, als Jan sein Tagebuch führte, völlig zerbombt; wegen Verdunkelungsmaßnahmen im Krieg nicht beleuchtet.

Opfergang Melodram des deutschen Regisseurs Veit Harlan, in den Haupt-rollen Carl Raddatz und Irene Meyendorff, erschienen 1944. Jan Bazuin schaute sich den Farbfilm am 31. März 1945 an; möglicherweise im Filmtheater Laim in der Fürstenrieder Straße 20, wo an diesem Tag um 19 Uhr eine Vorstellung lief. Vgl. das Stichwort „Damals".

O.T. Abkürzung für „Organisation Todt"; paramilitärische Bautruppe, die v. a. für Baumaßnahmen in den besetzten Gebieten zuständig war. Die O.T. baute u. a. Eisenbahnstrecken, Flugplätze, Straßen und war auch für Großprojekte wie den Westwall an der Grenze zu Frankreich und den (nicht fertiggestellten) Atlantikwall zuständig und setzte dabei Hunderttausende von zivilen Zwangsarbeitskräften, Kriegsgefangenen und KZ-Häftlingen ein.

Penzberg Kleinstadt südlich von München; Zwangsarbeitskräfte waren dort u. a. auf einer Baustelle der Reichsbahn tätig.

Phosphorbombe Brandbombe aus Phosphor und Kautschuk, die giftige Dämpfe freisetzt und schwerwiegende Verbrennungen verursacht.

Plas/Kralingse Plas Rund 100 Hektar großer See und beliebtes Rotterdamer Naherholungsgebiet im Stadtviertel Kralingen-Crooswijk.

Radio Oranje Radiosender der niederländischen Exilregierung in London, der während der deutschen Besatzung der Niederlande 1940 bis 1945 jeden Abend ein kurzes Programm ausstrahlte. So erhielt die Bevöl-kerung u. a. Nachrichten zum Kriegsverlauf. Über Radio Oranje rief die

Exilregierung zum Eisenbahnerstreik vom 17. September 1944 auf, um die Befreiungsoffensive „Market Garden" zu unterstützen. Das Hören von ausländischen Radiosendern konnte zu Gefängnisstrafen führen.

RAW (Neuaubing) Das Reichsbahnausbesserungswerk Neuaubing war eines von zwei RAWs auf dem Münchner Stadtgebiet; ein weiteres lag in Freimann. In Neuaubing wurden v. a. Güter- und Personenwagen repariert sowie Weichen hergestellt. Dabei wurden über 1300 Zwangsarbeitskräfte verschiedener Nationalitäten eingesetzt, was mehr als die Hälfte der Belegschaft ausmachte. Jan Bazuin wurde am 25. Januar 1945 im RAW Neuaubing registriert. Vgl. das Stichwort „Freimann".

Regierungsbrot Im Ersten Weltkrieg entstandene Bezeichnung für ein Brot, dessen Zusammensetzung von staatlichen Stellen bestimmt wurde, um die Knappheit der Zutaten zu regulieren. Im Hungerwinter 1944/45 wurden große Mengen solcher Brote gebacken, oft von schlechter Qualität, teilweise wurden sogar Sägespäne verwendet.

R.E.T. „Rotterdamse Elektrische Tram", ein öffentlicher Verkehrsbetrieb, der eine Betriebsmusikkapelle hatte.

RM Abkürzung für Reichsmark, deutsche Währung zwischen 1924 und 1948. Angesichts der massiven Ausweitung des Geldvolumens durch die Nationalsozialisten verlor die RM im Zweiten Weltkrieg an Wert, was aber angesichts der Zwangsbewirtschaftung wenig auffiel („versteckte Inflation").

Rotterdam Hafenstadt und europäischer Verkehrsknotenpunkt an der Nieuwe Maas, einem Hauptarm des Rheindeltas. Die Bombardierung Rotterdams durch die Wehrmacht am 14. Mai 1940 führte zur fast vollständigen Zerstörung der Altstadt. Am 15. Mai kapitulierte die niederländische Armee. Nachdem im September 1944 kurze Hoffnung auf eine baldige Befreiung durch die Alliierten bestand, endete der Krieg für die Stadt letzlich erst im Mai 1945. Vgl. das Stichwort „Maasufer".

Schiedam Niederländische Kleinstadt, etwa 5 Kilometer westlich von Rotterdam; vermutlich Sitz einer Meldestelle, um kleinere Arbeitsaufträge zu erhalten. Bei der großen Razzia am 10. und 11. November 1944 in Schiedam und Rotterdam wurden über 50 000 arbeitsfähige Männer aufgegriffen und zur Zwangsarbeit für deutsche Betriebe deportiert.

Silberpapier Bezeichnung für ein militärisches Täuschungsmittel, auch „chaff", „window", „Düppel" oder „Confetti" genannt, das von alliierten Flugzeugen abgeworfen wurde, um das deutsche Radarsystem zu stören. Die Radarsignale werden dabei von glänzenden Kunstfasern reflektiert, so dass die Aktivitäten der Flugzeuge unentdeckt bleiben.

Stettin Stadt im heutigen Polen, die bis 1945 zum Deutschen Reich gehörte; Sitz des RAW Stargard. Jan Bazuin erwähnt die Ankunft von 280 „Flüchtlingen" aus Stettin; der Begriff ist allerdings missverständlich. Vermutlich handelte es sich um polnische Zwangsarbeitskräfte aus dem RAW Stargard, die wegen der herannahenden Roten Armee, der Zerstörung der Transportwege oder fehlender Einsatzmöglichkeiten von den deutschen Behörden nach München verlegt wurden.

Tee Während der deutschen Besetzung der Niederlande warfen die alliierten Flugzeuge Flugblätter und Fotos der königlichen Familie ab sowie kleine Päckchen mit Zigaretten und Tee aus den niederländischen Kolonialgebieten.

Tommys Umgangssprachliche Bezeichnung für britische Soldaten, seit dem Ersten Weltkrieg auch gebräuchlich in den Niederlanden, Deutschland, Frankreich und anderen Staaten, hier speziell für Flieger. Da sich Rotterdam im Winter 1944/45 in der Nähe der Frontlinie befand, flogen die Bomber oft über die Stadt hinweg. Am 29. November 1944 fand ein gezielter britischer Luftangriff auf das Hauptquartier des Sicherheitsdienstes der SS in Rotterdam statt, der jedoch scheiterte. Zahlreiche umliegende Häuser wurden getroffen, mehr als 50 Menschen kamen ums Leben.

V1 Abkürzung für Vergeltungswaffe, eine Flugbombe. Die V1 wurde in der Endphase des Krieges zusammen mit der V2 als „Wunderwaffe" Teil der NS-Propaganda. Im Juni 1944 wurde erstmals eine V1 auf London abgefeuert; ab Oktober 1944 war auch die kurz zuvor befreite Hafenstadt Antwerpen ein Ziel. Am 18. März 1945 explodierte eine V1 in einem Wohnviertel in Rotterdam, 34 Wohnhäuser wurden völlig zerstört, 42 Menschen starben.

Verscheer, Jan 30.10.1918–5.2.1945. Der Niederländer wurde am 25. Januar 1945 als Zwangsarbeiter im RAW Neuaubing registriert und war als „Werkreiniger" tätig. Er beging am 5. Februar 1945 Suizid, indem er sich am Bahnhofsgebäude in Neuaubing vor einen Zug warf. Laut Jans Tagebucheintrag vom 6. Februar war er zum Todeszeitpunkt 22 Jahre alt, tatsächlich aber bereits 26 Jahre. Er wurde auf dem Ehrenfriedhof in Frankfurt am Main bestattet.

Verwoerd, Jacobus 3.12.1927–9.2.1945. Der Niederländer wurde gemeinsam mit seinem Bruder am 9. Januar 1945 verschleppt. Ab 20. Januar 1945 war er im RAW Neuaubing registriert und als „Hilfsarbeiter" tätig. Laut Sterbeurkunde starb er am 9. Februar 1945 an einer Lungenembolie; am 12. Februar wurde er auf dem Münchner Westfriedhof bestattet. Seine Familie erfuhr erst im Juni 1945 von seinem Tod.

Volkssturm Militärische Formation in der Endphase des Krieges. Der Aufruf zur Verteidigung des „Heimatbodens" erging im September 1944 an alle noch nicht kämpfenden deutschen Männer im Alter von 16 bis 60 Jahren.

Voralarm Vorstufe des Fliegeralarms. Zwangsarbeitskräfte mussten ihre Arbeit weiter verrichten, die Essensausgabe wurde jedoch meist eingestellt. Aufgrund der kriegswichtigen Funktion des RAW und der Dornier-Werke war Neuaubing Ziel von alliierten Luftangriffen.

Wesdorp, Adrian (Arie) Marinus geb. 13.6.1926, Todesdatum unbekannt. Der Niederländer war ab dem 25. Januar 1945 als Zwangsarbeiter im RAW Neuaubing registriert. Er begleitete Jan Bazuin am 21. April 1945 bei der Flucht aus Neuaubing in Richtung Westfront.

Yankees Umgangssprachliche Bezeichnung für amerikanische Soldaten. Luftangriffe auf München wurden sowohl von der britischen Royal Air Force als auch von den US-amerikanischen Army Air Forces geflogen. Im April 1945 führten die Amerikaner zwei gezielte Angriffe auf die Eisenbahnwege und -einrichtungen in und um München durch.

Zaltbommel Gemeinde im Norden der Niederlande, ca. 60 Kilometer östlich von Rotterdam; Ziel von „Hungerreisen" der städtischen Bevölkerung.

Barbara Yelin, Comiczeichnerin und Illustratorin, wurde mit ihrem Comicroman „Irmina" (2014) international bekannt. 2015 erhielt sie den Bayerischen Kunstförderpreis für Literatur und 2016 den renommierten Max-und-Moritz-Preis als beste deutschsprachige Comic-Künstlerin. Barbara Yelin lebt und arbeitet in München.

www.barbarayelin.de

© Martin Friedrich

Paul-Moritz Rabe, Historiker und Leiter der wissenschaftlichen Abteilung des NS-Dokumentationszentrums München sowie des Erinnerungsortes auf dem Gelände des ehemaligen NS-Zwangsarbeiterlagers Neuaubing. Sein Buch „Die Stadt und das Geld" (2017) zur Haushalts- und Finanzpolitik Münchens während der NS-Zeit wurde mit mehreren Forschungspreisen ausgezeichnet.

© Orla Connolly

„Forced Abroad. Tage eines Zwangsarbeiters"
Eine interaktive Visual Novel, kostenlos in allen AppStores

Auf der Grundlage des Tagebuchs von Jan Bazuin und der Illustrationen von Barbara Yelin hat Paintbucket Games eine interaktive App zur NS-Zwangsarbeit entwickelt. Das Indie-Studio wurde mit seinem preisgekrönten Spiel „Through the Darkest of Times" bekannt, das eine zivile Widerstandsgruppe gegen den Nationalsozialismus thematisiert und 2020 mit dem Deutschen Computerspielpreis als „Best Serious Game" ausgezeichnet wurde.

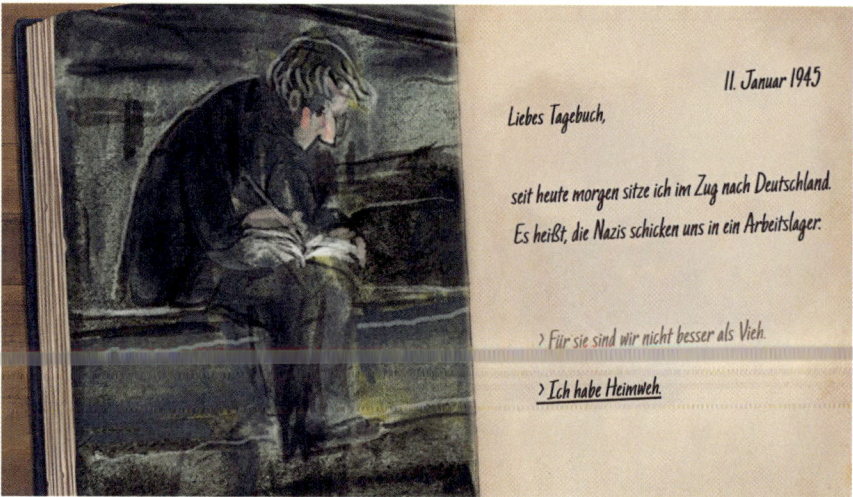

Das neue entwickelte Game ist Teil von „Departure Neuaubing. Europäische Geschichte über Zwangsarbeit", einem Digitalprojekt des NS-Dokumentationszentrums München, gefördert von der Kulturstiftung des Bundes im Rahmen von dive in/Neustart Kultur.

NS-Dokumentationszentrum
München